Rügen
Hiddensee

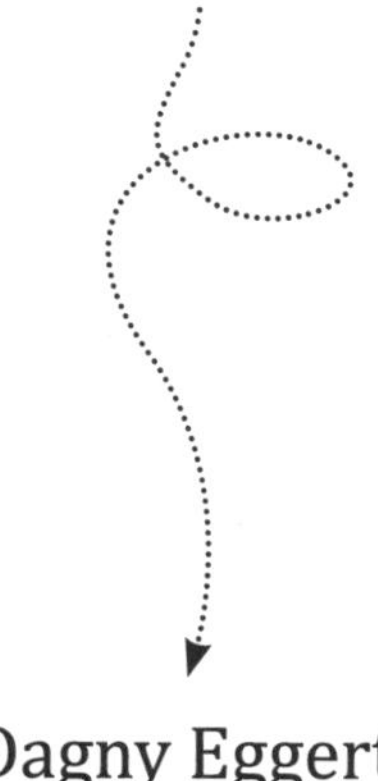

Dagny Eggert

Inhalt

Das Beste zu Beginn

Geliebtes Hinterland

Wer auf Rügen nicht von seiner Sandburg loskommt (► u.), verpasst das Beste: die einmalige Boddenlandschaft, z. B. rund um die Halbinsel Lebbin. Weites Land und sanfte Hügel, dazwischen Gutshöfe, schilfumsäumte Buchten und immer wieder Wege, die unversehens am Wasser enden.

Wo die Puppen tanzen

Auf Hiddensee, dem ›Söten Länneken‹, ist alles etwas entspannter und kleiner – so wie das zauberhafte Figurentheater von Karl Huck. Der lässt hier die Puppen tanzen, weinen und lachen – und die großen und kleinen Zuschauer gleich mit (https://theater.hiddenseebuehne.de).

Natürlich Strand!

Die schönsten Strände der Ostsee gibt es auf Rügen – breit, mit weißem Sand. Die bei Binz und Sellin sind belebt. Surfer kommen in Dranske oder Ummanz auf ihre Kosten. Und an den Stränden auf der Schaabe oder im Norden geht es entspannt und auch gern textilfrei zu.

Bäderarchitektur versus Beton

Die sommerlich weißen Bädervillen in Binz und Sellin sind der Inbegriff der Sommerfrische des 19. und 20. Jh. Direkt an den Formen der Küstenlandschaft orientierte sich in den 1960er-Jahren der Binzer Architekt Ulrich Müther, der mit seinen futuristischen Betonschalen die DDR-Moderne prägte. Auf Rügen können Sie einige der visionären Bauten entdecken, z. B. die Kurmuschel in Sassnitz oder das Restaurant in Baabe.

Ohne Auto nix los!

Samstags ist Bettenwechsel – im Sommer ein Garant für Stau auf den engen Inselstraßen. So belebt die Alleen Richtung Binz und Sellin sind, so einsam sieht es abends in abgelegenen Orten aus: Ein mageres ÖPNV-Angebot und die zergliederte Küstenlandschaft sorgen dafür, dass Einheimische und Touristen ohne Pkw schlecht von einem Ende der Insel zum anderen kommen.

Eine Stadt, ein Balkon
Steile und enge gewundene Gassen und immer wieder der Blick aufs Meer: Die Altstadt von Sassnitz ist den romantischen Schwärmern das Basislager für die Wanderung durch den Buchenwald zu den Kreidefelsen – am Rande des Hochufers gelegen, überwindet sie fast 90 Höhenmeter bis ans Meer.

!

So ein Theater
Was hat er nicht alles gewollt, Fürst Malte mit seiner Residenzstadt Putbus – geblieben ist ein wunderschöner Park, ein unverbautes klassizistisches Architektur-Ensemble und das Theater, das in den 1990er-Jahren nach historischen Vorlagen in sommerlich hellen Farben restauriert wurde. Damals wie heute folgt hier die Kultur den Gästen – ob mit dem Rügener Festspielfrühling im März, den Putbus-Festspielen zu Pfingsten oder den Festspielen Mecklenburg-Vorpommern im Sommer. Im September beschließt die Kabarett-Regatta den künstlerischen Reigen (www.theater-vorpommern.de).

Gutsherren-Erbe
Einige sind verwunschen verwildert, andere werden liebevoll wiederhergestellt. Das Buch »Gärten und Parks auf Rügen« von Jens Beck und Thomas Grundner (2013) zeigt die Vielfalt der Rügener Landschaftsparks.

Der Kräutererklärer
René Geyers blaue Augen leuchten, wenn er von Neuntöter und Magerrasen erzählt. Ein Spaziergang mit ihm über die Zicker Berge ist Pflicht für alle Naturfreunde (www.naturgeyer.de).

Strand oder Hinterland? Beides! Im Sommer, klar: baden! Im Herbst folge ich dem Ruf der Kraniche an den Bodden. Doch ich liebe auch das Licht der Wintersonne auf den Zicker Bergen, bis im Frühling die Frühblüher im Buchenwald locken.

Fragen? Erfahrungen? Ideen?

Ich freue mich auf Post.

Mein Postfach bei DuMont:
eggert@dumontreise.de

Das sind Rügen und Hiddensee

Schilfumsäumte Buchten und immer wieder Wege, die unvorhergesehen am Wasser enden … 30 Inseln und Halbinseln umgeben das Kernland von Rügen. Das Archipel kennt kleine und kleinste Eilande wie Ruden oder die Fährinsel vor Hiddensee, Wellen branden an sandige Nehrungen und spiegelglatte Boddengewässer glänzen im Sonnenlicht. Alle Orte auf Deutschlands größter Insel sind weniger als 7 km vom Wasser entfernt. Rügen lässt allen viel Raum – den stillen Romantikern, den Sportbegeisterten und Badenixen: ob mit Eis am Strand und dem Duft von Sonnencreme in der Nase oder unterwegs auf Surfbrett und Mountainbike – oder aber mit festem Schuhwerk auf einem alten Pilgerpfad.

Von Stralsund ins Herz der Insel

Stralsund gilt als Königin der Hanse, kein Wunder, dass die UNESCO ihre historische Altstadt mit den Backsteinfassaden zum Welterbe erhob. Nur einen Katzensprung entfernt, strebt die geschwungene Stelasund-Brücke in die Höhe, die den alten Rügendamm 2007 als Hauptzugang zur Insel ablöste. Gleich hinter der Brücke zweigt nach rechts die Deutsche Alleenstraße ab – eine charmante Alternative zur Anreise über die B 96: Die gemächliche Landpartie führt über Gustow, Poseritz und Garz nach Putbus. Dieses klassizistische Kleinod ist eine der letzten in Europa am Reißbrett geplanten Residenzstädte. Dörfer und versteckt zwischen Feldern liegende Gutshöfe bestimmen unterwegs das Bild. Auf einer Anhöhe im Inselkern thront die verschlafene Inselhauptstadt Bergen.

Trubel und Boddenromantik

Suchen Sie pulsierendes Strandleben oder wollen Sie in malerischer Umgebung wandern? Oder doch am liebsten beides? Dann auf in Rügens Osten zwischen Binz und der Halbinsel Mönchgut: Belebte Badeorte und eine Bilderbuchlandschaft gehen rund um das Biosphärenreservat Südost-Rügen auf Tuchfühlung. In Binz und Sellin tummeln sich die Strandurlauber, doch zwischen den eleganten Badeorten herrscht Waldesruh: Kein Pkw darf den Forst um das Jagdschloss Granitz durchqueren. Richtung Mönchgut geht es im Sommer in den Familienbädern Baabe und Göhren hoch her. Gleichzeitig halten die verträumten Boddenufer bei den Zicker Bergen oder am Reddevitzer Höft manch einsames Versteck bereit.

Caspar David Friedrich war hier

Dramatisch zeigen sich Rügens nördlichste Halbinseln Jasmund und Wittow, nur durch schmale Landzungen und eine Fähre mit Zentralrügen verbunden. Jasmund ist Caspar-David-Friedrich-Land. Der Maler verewigte in seinen Bildern den Zauber Rügens, der die Romantiker der ersten Stunde nach 1800 auf die Insel lockte: die rauschenden Buchenwälder hoch über der kreideweißen Küste. Seine Wandertouren begannen im pittoresken Hafenort Sassnitz. Rund vier Stunden dauert der Weg mit seinen erhabenen Aussichten bis zum Nationalpark-Zentrum am Königsstuhl.

Fürst Malte von Putbus hat sich auf Rügen nicht lumpen lassen. Während das Putbuser Schloss abgerissen wurde, strahlt sein Jagdschloss Granitz umso grandioser.

Viel flaches Land vor einem offenen Himmel: Wittow heißt Windland. Nichts verstellt den Blick auf das Highlight am nördlichsten Teil von Rügen: Kap Arkona mit seinem zwei Leuchttürmen. Auf dem Flächendenkmal drängen sich fußläufig u. a. die Reste eines vorchristlichen slawischen Burgwalls, Marinebunker aus den beiden Weltkriegen sowie das malerische Dörfchen Vitt. Eher profan, aber sympathisch nimmt sich der Rest der Halbinsel aus, die in weiten Teilen vom Kohlanbau dominiert wird; er soll durch das salzigsonnige Klima hier sein besonderes Aroma entwickeln – das versprechen zumindest die Rügener Kohlwochen im Herbst.

Stille und ein bisschen Glamour

Wittows Hinterland gibt einen Vorgeschmack auf die ursprünglichste Gegend Rügens: Der landwirtschaftlich geprägte Westen wird an drei Seiten von flachen Boddengewässern umspült, wo im Herbst die Kraniche rasten. Fast skandinavisch muten die Halbinseln Lebbin und Liddow an – mit bewaldeten Hügeln und sanft gewellten Feldern zwischen weiten Wasserflächen. Ganz still und flach wird es auf der Insel Ummanz, dem Paradies für Surf- und Haflingerfans. Das autofreie Hiddensee hingegen, noch weiter westlich gelegen, ist nicht nur unangefochtene Sonneninsel Deutschlands, sondern wärmt sich auch an den alten Zeiten, als Dichter und Stars die Insel liebten. Die Vergangenheit begegnet den Reisenden im wohlsortierten Buchladen in Vitte – und in Form der Ferienhäuser der damaligen Prominenz, z. B. des Stummfilmstars Asta Nielsen oder des Schriftstellers Gerhart Hauptmann.

Reise mit Weile

Verwunschene Alleen durchziehen Rügens zergliederte Landschaft – die engen Straßen machen die Fahrt manchmal zu einer unfreiwillig beschaulichen Reise. Es lohnt sich daher, eine Region in Ruhe zu erkunden. Denn die Wege können überraschend lang werden, selbst wenn kein Stau oder Traktor in Sicht ist.

Rügen und Hiddensee in Zahlen

2–3

Jahre muss Buchenholz lagern, bis es zum Räuchern des Rügener Fischs verfeuert werden kann.

7

Kilometer maximal ist jeder Ort Rügens vom Wasser entfernt.

18

Fischadlerpaare brüten wieder auf Rügen.

27

verschiedene Orchideenarten wachsen im Nationalpark Jasmund.

68

Einwohner pro Quadratkilometer leben auf Rügen, das damit zu den dünn besiedelten ländlichen Räumen Deutschlands zählt.

118

Meter ragen die Kreidefelsen übers Meer in die Höhe.

250

Meter misst Hiddensee an der schmalsten und 3,7 Kilometer an der breitesten Stelle.

976

Quadratkilometer groß ist Rügen – und damit die größte Insel Deutschlands!

1000

Einwohner hat Hiddensee.

1850

Stunden pro Jahr scheint die Sonne auf Rügen, eine der sonnigsten Regionen Deutschlands.

3000

Hektar groß ist der Nationalpark Jasmund – damit der kleinste Nationalpark Deutschlands.

[illegible]00

Feriengäste wollten die Nationalsozialisten in der nie fertiggestellten gigantischen Ferienanlage in Prora unterbringen.

50 000

Gästebetten stehen für Urlauber bereit. Tourismus ist der wichtigste Wirtschaftszweig auf Rügen.

250 000

Besucher zieht es pro Jahr ins Jagdschloss in der Granitz. Es ist damit das meistbesuchte Schloss Mecklenburg-Vorpommerns.

18 000 000

Mal in einem Jahr ging der Rügener Badejunge aus Bergen als meistverkaufter Camembert Deutschlands über den Ladentisch. Bis 2019 wurde er in Bergen produziert.

60–70 000 000

Jahre alt ist das weiße Gold Rügens – die Kreidefelsen entstanden aus Ablagerungen von Muscheln und Schalentieren, die auf den damaligen Meeresgrund sanken.

40

Meter Durchfahrtshöhe liegen unter der ›neuen‹ Rügenbrücke.

So schmecken Rügen und Hiddensee

Die traditionelle Inselküche ist bodenständig. Denn bevor die Touristen kamen, lebten die Einheimischen als Fischer und Bauern von dem, was Bodden, Ostsee und ihre Äcker hergaben. An die lang vergangenen Tage erinnern jedes Jahr die kulinarischen Festwochen: von April bis Anfang Mai die Heringswochen und anschließend die Hornfischtage. Viele Rügener Restaurants bieten in dieser Zeit Fischspezialitäten an.

Kohl und Tüffel

Von September bis November dreht sich alles um den Kohl – die Rügener Kohlwochen feiern zur Erntezeit das bodenständige Gemüse, das durch Wind und Seeluft gerade auf Wittow einen ausgewogenen Geschmack entfalten soll: Weiß-, Rot- und Blumenkohl kommen dann sowohl klassisch als auch ausgefallen auf den Tisch, z. B. als fruchtiger Currykohl. Viele Landgasthöfe servieren das ganze Jahr über traditionelle Gerichte wie ›Himmel und Erde‹ – Apfelmus und Kartoffelpüree – oder Birnen, Bohnen und Speck und immer wieder die Kartoffel (hier Tüffel genannt).

Die Sache mit den Mitbringseln ist geritzt …

Wer im Urlaub in regionalen Genüssen schwelgen will, sollte in Restaurants auf ein blaues Emailleschild mit weißer Kochmütze achten: Rügen ist Mitglied im Projekt ›Regionale Esskultur‹, ein europaweites Netzwerk, um regionaltypische Erzeugnisse zu vermarkten. Auf Rügen setzen sich rund 30 Restaurants, Hofläden und hiesige Unternehmen für den Erhalt des kulinarischen Erbes der Insel ein. Das Rügener Feeling lässt sich auch mit nach Hause nehmen. Denn eben jene 30 Produzenten, die Regionales und Spezialitäten von der Insel anbieten, sind im Rügen Produkte Verein organisiert. Ob Wurst, Marmelade, Milch und Quark, Fisch in Dosen, handgesiedete Seifen oder Heilkreide – ein Blick auf die Website (www.ruegenprodukte.de) genügt, um zu wissen, wo was zu haben ist.

Sterne am Rügener Himmel

In den touristischeren Orten braucht man nach Gaststätten nicht lange zu suchen. Zumindest während der Saison sorgen italienische, griechische oder asiatische Restaurants neben dem vielfältigen Angebot an Fischspezialitäten für Abwechslung. Für Gourmets hält Rügen die eine oder andere Überraschung bereit: In Binz strahlt ein Michelin-Stern am kulinari-

ICH ESS BLUMEN AM LIEBSTEN IN GÖHREN

Gewürze, Salze, Aufstriche und Essenzen

Wildrosenblüten-Gelee oder doch lieber Himbeer-Rosen-Essig? Nach einem Rundgang mit Christina Knobloch durch ihren bunten und duftenden Garten sehe ich die farbenfrohe Blütenpracht mit ganz neuen und überaus hungrigen Augen. Im benachbarten Laden, den sie zusammen mit ihrem Ehemann betreibt, Rügens Starkoch Peter Knobloch, präsentieren sich die Blumen und Kräuter nämlich als ungewohnte Köstlichkeiten. Weitere Infos ▶ S. 60 und auf www.villa-mit-sonnenhof.de, T 038308 340 94, Laden Do, Fr 10–17 Uhr.

schen Himmel, seit 2013 ist Ralf Haug mit seinem Restaurant freustil Inhaber der begehrten Trophäe. Der Gourmet-Guide lobt in Binz darüber hinaus die Küche im Restaurant Nixe sowie in Sellin das Ambiance und das Clou. Ausgezeichnet essen lässt es sich auch an anderen Orten: Ein Kleinod ist das Gutshaus Kubbelkow bei Bergen. Guter Kritiken erfreuen sich außerdem die Restaurants Ostseeperle in Glowe, Gastmahl des Meeres in Sassnitz, Earl im Hotel Schloss Ranzow in Lohme sowie Lieblingsplatz im Herrenhaus von Bohlendorf bei Wiek.

Fast Food à la Ostsee
Nichts hilft so gut gegen den kleinen Hunger am Strand oder auf dem Fahrrad wie ein leckeres Fischbrötchen! Belegt mit Aal, Hering oder Dorsch – warm oder kalt –, ist das Ostsee-Fast-Food aus den Räucherbuden und Imbissen am Straßenrand ruckzuck verzehrfertig und dazu noch frisch und gesund.

Hochprozentiges Flüssigobst und Hopfentee
Gleich zwei Destillen schenken auf Rügen ganz klar ein: In der Ersten Edeldestillerie (www.1ste-edeldestillerie.de) in Lieschow werden alte Rügener Obstsorten gebrannt und sortenrein abgefüllt – auf Wunsch sogar mit Sonderetiketten für individuelle Anlässe. In der Mönchguter Hofbrennerei (www.ebbe-flut.shop) kommen Whisky-, Gin- und Rumfans auf ihre Kosten. Das Bier der Region stammt aus Stralsund (www.stralsunder.de). Auch prämierte Craft-Biere werden auf der Insel hergestellt (www.inselbrauerei.de). Nur für den Verzehr vor Ort verkauft wird der Gerstensaft im Gasthof Zur Linde mit hauseigener Brauerei in Middelhagen.

Ein Kind mit einem Spielzeugsegelboot unter dem Arm ist Rügens heimlicher kulinarischer Botschafter: Der ›Rügener Badejunge‹, ein milder Camembert, zaubert in fast jedem Supermarkt die Sehnsucht nach Sommer und Strand ins Kühlregal. Der bekannteste Weichkäse Deutschlands wurde bis 2019 in Rügens Inselhauptstadt Bergen produziert und ist dann nach Thüringen ausgewandert.

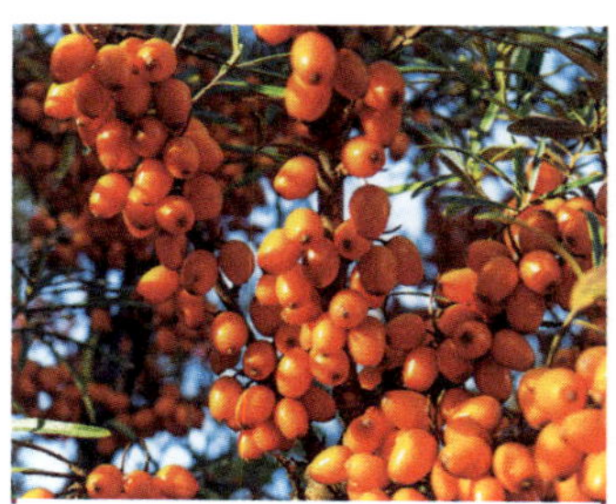

ALLESKÖNNER SANDDORN

Ob in Eis, Kuchen, Bonbons, Marmelade, Schorle oder Likör – die orange leuchtenden Beeren des Sanddornstrauches begegnen Reisenden in den verschiedensten Leckereien. Dabei kommt die Pflanze, die wild an der gesamten Ostseeküste wächst, ursprünglich aus Nepal. Zu DDR-Zeiten wurden die sauren Beeren wegen ihres hohen Vitamin-C-Gehalts als ›Ostsee-Zitrone‹ geschätzt.
Die Ernte ist mühsam: Entweder werden die Sträucher ›gemolken‹ – von dicken Handschuhen geschützt, pressen die Erntehelfer die Beeren direkt am Strauch aus und sammeln den herben Saft in Eimern. Oder ganze Zweige werden abgeschnitten und dann tiefgefroren, damit sich die Beeren so besser ablösen lassen. Erntezeit ist von September bis Ende November. Wer dabei helfen möchte, kann sich auf dem Rügenhof in Putgarten am Kap Arkona bei Ernst Heinemann melden (www.kap-arkona.de/ruegenhof.html).

Ihr Rügen- und Hiddensee-Kompass

#4
Traumstrand mit Ufo – **die Binzer Promenade**
Hauptsache
WEISS
Von weißen Fassaden und vornehmer Blässe
›Kraft durch Freude‹?
(klingt so schlimm, wie es aussieht)
#5
Ruine im Umbruch – **Prora**
mal ohne Auto
#6
Wasser und Dampf – **Rasender Roland trifft Weiße Flotte**
DES FÜRSTEN LIEBSTER AUSBLICK
#7
Publikumsmagnet im Wald – **das Jagdschloss Granitz**
Warum haben sie das getan?
#8
Stumme Zeugen – **Großsteingräber bei Lancken-Granitz**
SPAZIERGANG ÜBER DEN WELLEN
#9
Zwischen Himmel und Meer – **das Reddevitzer Höft**
abgetaucht
VORLAGE DER DEUTSCHEN ROMANTIK
#11
Diese Aussicht! – **Im Nationalpark Jasmund**
#10
Von Fischern, Kuttern und Touristen – **Hafen Sassnitz**
4
5
6
7
8
9
10

Süd- und Zentralrügen

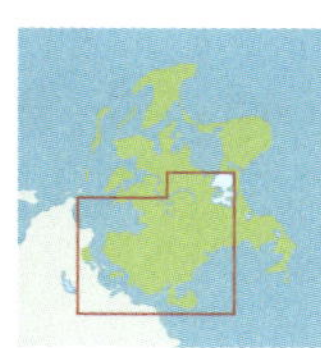

Endlich Urlaub! Sobald ich von Stralsund aus den Sund nach Rügen überquert habe, fängt er schlagartig an … Malerische Alleen an weiten Feldern, entspannte Dörfer an der Nebenstrecke und immer mal wieder kleine Hofläden oder Cafés sind die Entdeckungen am Wegesrand. Wandern oder reiten wäre jetzt schön – oder doch lieber paddeln? Alles ganz langsam jedenfalls. Für Entschleunigung sorgen auch die verschlafene Inselhauptstadt Bergen und das klassizistische Kleinod Putbus. Wer auf der neu ausgebauten B 96 den Kaiserbädern entgegenrast, verpasst den eigenen Ferienbeginn.

Altefähr B 8

Am Anleger von Altefähr guckt man immer rüber: nach Stralsund. Die Aussicht auf die mächtigen Kirchtürme und die ›neue‹ Rügenbrücke ist ja auch fantastisch. Der Ortsname kommt nicht von ungefähr: Eine Fähre war bis zum Bau der ersten Rügenbrücke (1936) über Jahrhunderte die einzige Verbindung zwischen Insel und Festland. Noch heute quert eine Personenfähre von Mai bis Oktober den Strelasund bis nach Stralsund.

Im Sommer geht's im Ort richtig quirlig zu, dafür sorgt die Segel- und Surfschule. Weiße **Gründerzeitvillen** und die alte **Backsteinkirche** erinnern an frühere Tage.

Super Stralsundblick

Buhne 9

Direkt auf dem Anleger gibt es Kuchen, Eis, kleine Gerichte und Cocktails; nettes Ambiente.

Fähranleger, T 038306 232 53, Mai–Sept. ab 14 Uhr bis Sonnenuntergang

Auf dem Wasser

Sail and Surf Rügen

Segeln mit Altstadtblick. Katamaran-, Jollensegeln, Kiten, Jachtausbildung.

Fähranleger, T 038306 232 53, www.sail-surf-ruegen.de, Vermietung: 2er-Seekajak 50 €/Tag

Termin

Heringsfest Altefähr: Familienfest am ersten Maiwochenende

Rambin C 8

Fans regionaler Produkte aufgepasst: Der Rügener Bauernmarkt mit seiner großen Auswahl und die neue Craft-Beer-Brauerei nebenan lohnen einen Stopp in Rambin.

Dabei aber nicht das eigentliche Highlight vergessen: Die **St. Johanneskirche** gehört zu den ältesten Kirchen der Insel. Sie wurde vor 1300 erbaut, später, im Barock, jedoch dem Zeitgeschmack entsprechend aufgehübscht.

Total regional

Rügener Bauernmarkt

Eher ein sehr großer, aber liebevoll gestal-

Schaust du noch oder chillst du schon? Mein erster Stopp auf Rügen: der Anleger in Altefähr mit Blick auf die Altstadt von Stralsund.

teter Supermarkt mit Wurst, Sanddornprodukten, Schokolade und Kunsthandwerk von der Insel. Für den kleinen Hunger vor der Heimfahrt gibt es auch ein Café mit Herzhaftem.
Hauptstr. 2 a, T 038306 626 30, www.altepommernkate.de, tgl. 8–18 Uhr

Na dann prost!
Rügener Insel-Brauerei
Seit 2015 gibt es hier von Ale über Stout und Sauerbier zwölf selbst kreierte Biere zu verköstigen, die z. T. international ausgezeichnet wurden.
Hauptstr. 2 a, www.insel-brauerei.de, tgl. 10–19 Uhr

Samtens D 7/8

Zunächst ein Durchgangsort und Verkehrsknotenpunkt im Süden, auf den zweiten Blick erheben sich die Neun Berge – neun Hügelgräber aus der Bronzezeit. Und die Backsteinkirche St. Petri aus dem 15. Jh. überrascht mit Resten spätgotischer Wandmalereien.

Bitte Halt machen!
Grützmann's
Wildspezialitäten und Hausmannskost, z. B. betrunkenes Wildschwein (15,90 €).
Gingster Str. 1, T 038306 14 87, www.restaurant-samtens.de, Di–So 11–21 Uhr

Insel(n) von oben
Flugplatz Güttin
Rundflüge, z. B. über Bergen, Prora, Binz, das Jagdschloss Granitz und Putbus (20 Min., 76 €) oder rund um Rügen (90 Min., 249 €).
Güttin, T 038306 12 89, www.flugplatz-ruegen.de

Garz D 8

Wer hätte gedacht, dass Garz als erster Ort auf Rügen schon 1319 das Stadtrecht erhielt?! Zumindest der begehbare Burgwall der Slawenburg Charenza weist darauf hin, dass der Ort im frühen Mittelalter ein regionales Zentrum war. Der steile Erdwall hat die Fantasie der Einheimischen jahrhundertelang angeregt: Den Sagen nach wohnen dort Zwerge, die den Menschen nicht wohlgesonnen sind.

Pastellfarbene Häuschen drängen sich in Garz aneinander, und sogar im Sommer geht es auf den wenigen Straßen des Städtchens beschaulich zu. Nur das kleine **Rathaus** fällt als expressionistischer Backsteinbau ins Auge. Schräg gegenüber an der Hauptstraße lädt fast jeden Tag ein Schild mit der Aufschrift ›Heute Büchermarkt‹ zum Besuch in die **Kate** in der Lindenstraße ein: Antiquarische Bücher, Trödel und handbemaltes Porzellan stapeln sich hier bis unter die Decke.

Und er schwebt wirklich …
Teile der **St.-Petri-Kirche** stammen aus dem 14. Jh., doch erst im 16. Jh. wurde sie fertiggestellt. Ältestes Ausstattungsstück ist ein Taufstein aus dem 13. Jh., ein Highlight ist der im Altarraum schwebende Taufengel aus dem 18. Jh.
Bis ca. 12 Uhr ist die Kirche geöffnet, Kirchenschlüssel im Pfarrhaus, Wendorfer Str. 17

Demokrat oder Nationalist?
Direkt beim Burgwall befindet sich mit dem **Ernst-Moritz-Arndt-Museum** das älteste Museum der Insel. 1937 wurde es zu Ehren von Ernst Moritz Arndt erbaut. Neben den Exponaten zu Leben und Werk des Autors und Historikers sind auch einige archäologische Fundstücke zu sehen (▸ auch S. 23 und S. 34).
An den Anlagen 1, T 038304 122 12, Mai–Okt. Di–Sa 10–16, Nov.–April Mo–Fr 11–15 Uhr, 2 €

(Guts-)Herrlich übernachten
Gutshaus Krimvitz
Das 1880 erbaute Gutshaus hat 7 helle und einladend eingerichtete Zimmer sowie 3 Suiten. Schön ist der Blick vom Frühstücksraum auf die Terrasse und den Gutspark.
Dorfstr. 4, Krimvitz, nach rechts kurz hinter Garz Richtung Putbus, T 038301 64 12 64, www.krimvitz.de, DZ mit Frühstück 99 €

Sprechende Häuser – **Stralsund**

Bitte anfassen! Bei einem Streifzug durch das behutsam restaurierte Haus aus der Hansezeit vom Keller bis zum Dach ist die Geschichte zum Greifen nah: Hier lebten und arbeiteten die, die besonders schlecht auf den legendären Freibeuter Störtebeker zu sprechen waren – die hanseatischen Kaufleute.

Leuchtend roter Backstein ist das Markenzeichen der gemütlichen Gassen der Altstadt. Sie laufen durch die verwinkelten Kopfsteinpflasterstraßen – und altehrwürdige Kirchen und Gebäude atmen den Geist längst vergangener Tage, als Stralsund eine der Königinnen der Hanse war. Ein Haus erzählt wie in einem begehbaren Buch vom Treiben der Hanseaten und ihrer Nachkommen: das **Museumshaus** 2 von 1320 ist Außenstelle und zugleich größtes Exponat des **Kulturhistorischen Museums** 1. Umbauten, Farbschichten und unzählige Tapetenlagen an den Wänden geben einen intimen Einblick in 800 Jahre Wohngeschichte – eine Erbengemeinschaft übernahm in den 1990er-Jahren das bis 1979 bewohnte Haus, um die Gebrauchsspuren seiner vielen Bewohner sichtbar zu machen.

Nur vom Feinsten

Das **Museumshaus** 2, ein Giebelhaus in der Mönchstraße 38, erbauten wohlhabende Fernhändler, die mit ihren Koggen weit herumkamen – von Bergen in Norwegen über die Ostsee bis zum Mittelmeer reichte ihr Handelsnetz. Die Kaufleute begutachteten die ankommenden Waren in der großen Diele im Eingangsbereich. Viel Licht dafür ließen die großen Fenster zur Hofseite, die Luchten, ins Erdgeschoss hinein. In der zugigen Diele wurde nur ein Raum wirklich warm: Die Schreibstube wurde unten als einzige beheizbare Kammer von Fachwerkwänden umschlossen. Manchmal vier Stockwerke hoch und zwei Keller tief reichte der Stauraum für die wertvollen Güter – Pelze aus dem Norden,

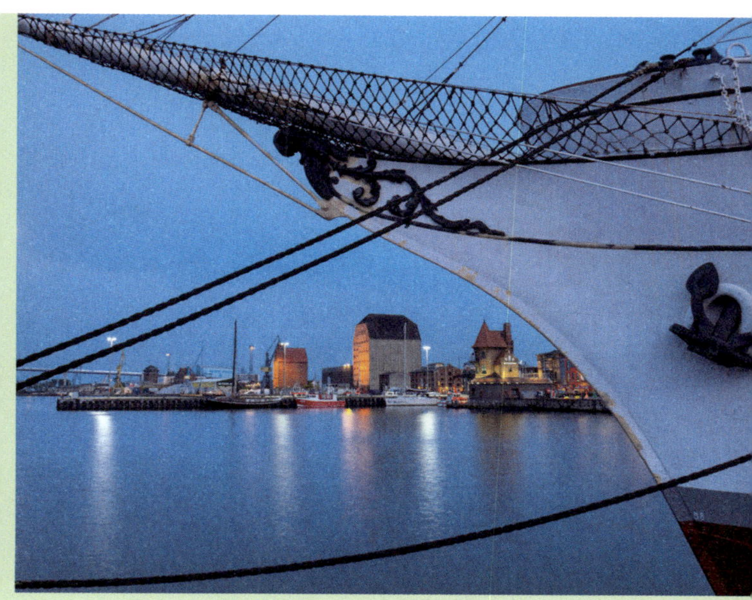

Weine aus dem Süden, Muranoglas und Exotisches aus fernen Ländern. Ein Windenrad im obersten Dachboden erleichterte den Transport. Interessant: Nur die Fernhändler durften ihre mit Backsteinpfeilern verzierten Häuser mit den Giebeln zur Straße ausrichten. Sie nutzten in den repräsentativen Gebäuden jeden Zentimeter zur Lagerung der Handelswaren – und wohnten auf den schmalen Grundstücken oft in Hinterhäusern auf dem Hof.

Kann sich sehen lassen: Der mittelalterliche Stadtkern Stralsunds ist so gut erhalten, dass die Stadt seit 2002 zu den UNESCO-Welterbestätten gehört.

Handeln und regieren

Einige 100 m die Straße hinunter am **Alten Markt** war das Zentrum der einst mächtigen Hansestadt, die immer in Konkurrenz zu Lübeck stand. Die heutige Altstadt entstand vom Ende des 13. bis zum Ende des 14. Jh. Von ihrem Reichtum und vom Geschick der Kaufleute zeugen das Rathaus und die Nikolaikirche. Das **Rathaus** 3 mit seiner gotischen Schaufassade zeigt, wie eng Handel und Regieren am Strelasund beieinanderlagen: Nur Kaufleute durften Mitglied im Stadtrat werden. Das Rathaus selbst wurde lange als Kophus, Kaufhaus, genutzt. Bis zu 40 Händler

Nicht nur an Regentagen ein Hit: Im **Ozeaneum** 8 mit seinen großen Aquarien hat man nur noch ein bisschen Glas zwischen sich und den Fischen, und unter den lebensgroßen Walmodellen kommt man sich winzig vor (Hafenstr. 1, Juni–Sept. 9.30–20, Okt.–Mai 9.30–18 Uhr, Tickets am besten online: www.ozeaneum.de).

hatten ihren Platz im Hof und in den Gängen des vierflügeligen Gebäudes von 1250.

Beten und arbeiten

Vor ihren Handelsreisen beteten die bis zu 350 Kaufleute der Stadt nebenan in der **Nikolaikirche** 4 zu Nikolaus von Myra, dem Schutzheiligen der Seefahrer. Einen Eindruck von ihren Reisen geben die vier aus Eichenholz geschnitzten Relieftafeln vom Gestühl der Riga- und Russlandfahrer aus dem 14. Jh. Das Gotteshaus mit Doppelturm ist die älteste Kirche Stralsunds. Sie wurde 1276 zum ersten Mal erwähnt.

Direkt gegenüber dem Rathaus steht das prächtige **Wulflamhaus** 5. Der Bürgermeister und Kaufmann Bertram Wulflam lenkte ab 1361 drei Jahrzehnte die Geschicke der Stadt. Im Erdgeschoss tischt das Restaurant **Wulflamstuben** 1 Rustikales auf. Zwischen dem Wulflamhaus und der Tourismuszentrale steht in der Mühlenstraße 1 das **Giebelhaus** 6. Es ist eines der ältesten Säulengiebelhäuser und entstand Ende des 13. Jh.

Ein Ort der Ruhe: Ergreifend ist der Blick in den Innenhof der Kirchenruine von **St. Johannis** 7, wo auf dem Rasen eine Kopie der »Pietà« von Ernst Barlach steht, ein Mahnmal gegen den Krieg. Das Kloster ist zurzeit noch wegen Renovierung geschlossen, niedlich: die restaurierten Fachwerkhäuser im Klosterhof.

INFOS/ÖFFNUNGSZEITEN

Internet: www.stralsundtourismus.de, www.stralsund.de
Touristeninformation: Alter Markt 9, T 03831 246 90, Mai–Okt. Mo–Fr 10–18, Sa, So 10–15, Nov.–April Mo–Fr 10–17, Sa 10–14 Uhr. Die Touristeninformation Stralsund bietet verschiedene Führungen an.
Kulturhistorisches Museum 1: im Katharinenkloster, Mönchstr. 25–27, T 03831 25 36 17, www.stralsund-museum.de, bis 2024 wegen Renovierung geschlossen
Museumshaus 2: Mönchstr. 38, Di–So 10–17 Uhr, 5 €
Nikolaikirche 4: Alter Markt, T 03831 29 22 86, www.hst-nikolai.de, April, Mai, Sept., Okt. Mo–Sa 10–18, So, Fei 12–16, Juni–Aug. Mo–Sa 10–19, So, Fei 12–16, Nov.–März Mo–Sa 10–16, So, Fei 12–15 Uhr; Gottesdienst So 10.30 Uhr, Erhaltungsbeitrag für Personen über 18 Jahre 3 €
Johanniskloster 7: Schillstr. 27/28, T 03831 29 42 65. Die umfangreichen Sanierungsarbeiten im Kloster dauern an.

HANSEATISCH SCHLAFEN

Norddeutscher Hof 1: Neuer Markt 22, T 03831 28 20 00, www.norddeutscher-hof.de, 14 Zi., DZ mit Frühstück 79–109 €. Das denkmalgeschützte Haus an der Marienkirche empfängt Reisende seit dem 19. Jh. In der Gaststube sorgt ein Kachelofen für Wärme und im Sommer lockt der kleine Biergarten.
Hotel Kontorhaus 2: Am Querkanal 1, T 03831 28 98 00, www.kontorhaus-stralsund.de, DZ ab 145 €. Direkt am Ozeaneum wurde das Haus gediegen von Reiner Gehr, einem Ausstatter für Kreuzfahrtschiffe, eingerichtet.

KULINARISCHES FÜR ZWISCHENDRIN

Wulflamstuben 1: Alter Markt 5, Stralsund, T 03831 29 15 33, www.wulflamstuben.de, tgl. 11.30–22 Uhr. Rustikale Küche, z. B. gebratene Geflügelleber für 12,50 € und als Nachtisch den hausgemachten Brotpudding (6 €).
Fischermanns Restaurant 2: Speicher V, An der Fährbrücke 3, T 03831 29 23 22, www.fischermaenns-stralsund.de, März.–Okt. tgl. 11–open end, Nov./Dez., Febr. Mi–So 12–22 Uhr, Gerichte um 16,90 €. Von der Terrasse genieße ich den schönen Blick auf die Sportboote und den Strelasund, aber vor lauter Begeisterung nicht vergessen, den gebratenen Dorsch zu würdigen. Mit Wintergarten.
Scheelehof 3: Fährstr. 23–25, T 03831 28 33 00, www.scheelehof.de, Hauptgerichte ab 14,50 €. Unter den Dächern der denkmalgeschützten Giebelhäuser findet sich ein Vier-Sterne-Hotel mit Kneipe, Café und dem Hotel-Restaurant Zum Scheele in historischem Ambiente. Namenspatron ist Carl Wilhelm Scheele, der Entdecker des Sauerstoffs, der 1742 hier geboren wurde.

Faltplan: A/B 8/9 | **Anfahrt:** über die A 20

Romantisch – und bedroht: Die alten Alleen entsprechen oft nicht den Sicherheitsanforderungen des modernen Straßenbaus.

Eingelocht

Golfplatz Karnitz

Die Golfanlage am Schloss Karnitz hat einen 18-Loch-Challenge-Course und einen 9-Loch-Public-Course. Kurse in der angeschlossenen Golfschule.

Dorfstr. 11 a, Karnitz, T 038304 824 70, www.golfclub-ruegen.de, www.golfschule-ruegen.de, www.golfzentrum-ruegen.de, 30-minütige Trainerstunde 30 €

ABSTECHER NACH POSERITZ

Nur ein Katzensprung ist es auf der Deutschen Alleenstraße von Garz nach **Poseritz** (🕮 C/D 8/9). Auch hier gibt es eine alte **Backsteinkirche.** Der einschiffige Bau vom Beginn des 14. Jh. wirkt etwas zu groß für den kleinen Ort. Ruhe und Beschaulichkeit prägen das Dorf und die Umgebung, so z. B. das idyllische Örtchen **Swantow** (🕮 D 9), wo der dänische Bischof Absalon von Roskilde die ersten Christen der Gegend getauft haben soll.

Milchpause

Molkerei Naturprodukt GmbH

Milchladen mit Sanddorn- und Holunderprodukten sowie einem Restaurant-Café, das sehr freundlich eingerichtet ist: mit Holzfußboden und unverputzten Backsteinwänden.

Poseritz Hof 15, T 038307 404 29, www.ruegener-inselfrische.de, Café: Mo–Sa 10–18 Uhr

Halbinsel Zudar

🕮 D/E 9/10

Ein paar Dörfer, ein Campingplatz und am Gelben Ufer ein schöner Strand – der südlichste Zipfel von Rügen, die Halbinsel Zudar, ist ein ruhiges Fleckchen.

Getrennt durch die **Puddeminer Wiek** und die **Schoritzer Wiek** ist die Halbinsel nur durch eine schmale Landbrücke mit Rügen verbunden. Vom Festland gegenüber, in **Stahlbrode,** startet eine der wenigen Fährverbindungen nach Rügen.

Mit Blick aufs Wasser steht im **Dorf Zudar** eine schöne Backsteinkirche aus dem 13./14. Jh. Sie hatte eine kurze Karriere als Wallfahrtsort, da sie ein verehrtes Marienbild beherbergte. Leider sank im Strelasund ein Schiff mit Pilgern, woraufhin die große Beliebtheit der Kirche ein jähes Ende fand.

Rüganer mit Ruf

Rügens berühmter Sohn Ernst Moritz Arndt wurde in dem **Gutshaus von Groß Schoritz** geboren, das sein Vater für den Fürsten zu Putbus bewirtschaftete. In dem Haus mit schönem Blick auf die Schoritzer Wiek und die Halbinsel Zudar hat die Ernst-Moritz-Arndt-Gesellschaft ihren Sitz. Sie gibt Publikationen zu Leben und Werk des Historikers, Lyrikers und politischen Publizisten heraus und verwaltet das Archiv. Arndt gehörte bis ins 20. Jh. zu den bekanntesten und umstrittensten Deutschen. Er kämpfte im 19. Jh. für die Abschaffung der Leibeigenschaft und für demokratische Ideale. Doch er war auch ein Nationalist, der in seinen Schriften gegen Franzosen und Juden hetzte (▶ auch S. 34).

Dorfstr. 22, Groß Schoritz, T 038304 524, www.ernst-moritz-arndt-gesellschaft.de, zu Veranstaltungen geöffnet

Putbus E/F 8

In Putbus blühen wieder die Rosen: In alter Tradition stehen vor den schmuck renovierten Stadtvillen unzählige Rosenstöcke. Doch allzu viele Besucher finden nicht hierher. Zu Unrecht: Das einmalige klassizistische Ensemble ist einen Rundgang wert (1 – 11 ▶ S. 24).

Aktuelle Kunst

Im Kronprinzenpalais Putbus werden im **CIRCUS EINS** 12 wechselnde Ausstellungen zeitgenössischer nationaler und internationaler Künstler gezeigt.

Circus 1, T 0151 42 44 66 38 (Susanne Burmester, künstlerische Leitung), www.circus-eins.de, Fr–So 13–17 Uhr, Galerieferien Nov./Febr.

Verwirrt die Sinne

Das Haus »Kopf über« 13

Ein ganzes Haus mit zwei Etagen steht komplett eingerichtet verkehrt herum schräg auf seinem Spitzdach und die Frage ist, wo ist oben und wo unten?

Lauterbacher Str. 10, T 038301 89 83 66, April–Okt. tgl. 10–19, Nov.–März tgl. 12–16 Uhr, Erw. 5,90 €, Kinder 2,90/2,00 €

SCHLEMMEN, SHOPPEN, SCHLAFEN

In fremden Betten

Zeitreise

Hotel Koos 1

Zum plüschigen Traditionshotel im Bäderstil gehören das Restaurant **Pommernstübchen** und eine Kegelbahn.

Bahnhofstr. 9, T 038301 278, www.hotel-auf-ruegen.de, 28 Zi. mit Dusche/WC, DZ 80–100 €

Individuell und erholsam

Gutshaus Ketelshagen 2

Zu Hanne Knecht und Ruth Meyer kommt man gern wieder, mitten in der Natur zwischen Bergen und Putbus.

Ketelshagen 4, T 038301 883 00, www.ruegen-gutshaus.de, 63–100 € für 2 Pers.

Satt & glücklich

Stark im Park

Leib und Seele 1

Seit 2021 schwingt Daniel Zepter selbiges im Marstall. Bayerisch oder zumindest rustikal gibt sich die Küche des Restaurants, das in einem Teil des großen Saals untergebracht ist. Auf der Terrasse schmeckt das Paulaner.

Im Park, T 038393 69 97 86, in der Saison tgl. 12–20 Uhr, sonst Di–Sa

Wild im Sommergarten

Jägerhütte 2

Das alteingesessene Wildrestaurant liegt mitten im Schlosspark hinter dem Damwildgehege. Für Kinder gibt es einen Spielplatz und eine Vogelvoliere.

Alleestr. 33, T 038301 510, www.jaegerhuette.de, im Sommer Mo–So Küche 11.30–14.30, 17.30–20.30 Uhr, Wild und Fisch 11–20 €

Stöbern & entdecken

Die Früchte Italiens

Anders Keramik 1

Die bemalten Tassen und Teller bringen mit ihren Zitronen- und Orangenmotiven die Leichtigkeit des Südens ins Haus.

Klassizistisches Kleinod – **Putbus**

Ein Fürst brachte den Tourismus nach Rügen: Wilhelm Malte I. Er gründete 1816 die Stadt Putbus, eine der letzten klassizistischen Residenzstädte in Europa. Doch nach ihrer kurzen Blüte als Sommerresidenz des preußischen Hochadels kam das Baden im offenen Meer in Mode und die Erholungssuchenden zogen weiter nach Binz. Die Stadt zeigt sich bis heute fast unverändert. Nur das herrschaftliche Schloss fehlt.

▶ INFOS & LESESTOFF

Eine lesenswerte Biografie über den umtriebigen Fürst Malte schrieb André Farin: **Wilhelm Malte zu Putbus und seine Fürstenresidenz auf der Insel Rügen.** Eine Biografie über eine norddeutsche Gründerpersönlichkeit des 19. Jahrhunderts, Putbus 2007. Sie ist in Rügens Buchläden erhältlich.

Blühende Rosenstöcke vor herrschaftlichen Stadthäusern, malerische Sichtachsen, ein englischer Landschaftspark und großzügige Plätze, auf denen die wenigen Besucher wie verloren wirken. Putbus ist schön – und auch etwas unwirklich, wie das verlassene Set von einer Jane-Austen-Verfilmung. Fürst Wilhelm Malte I. gründete die Stadt 1810 in der Nähe des Herrscherhauses. Auf Studienreisen in England begeisterte er sich 1805 für die englischen Landschaftsparks und begann nach seiner Rückkehr den ursprünglich barocken Schlossgarten umzugestalten. Bis 1830 entstand der großzügige Park mit seinen Rasenflächen, die fast unmerklich in die umgebende Landschaft übergehen. Auch hatte er genaue Vorstellungen davon, wie seine neue Stadt aussehen sollte: Alle Häuser sollten gleich groß und gleich breit sein.

Doch wie die junge Stadt mit Leben füllen? Wilhelm Malte ließ sich eventuell von seinem Besuch im englischen Bath inspirieren: Wegen seiner Heilquellen war der Ort um 1800 ein Treffpunkt der guten Gesellschaft und wurde auch gern von Mitgliedern des Königshauses besucht.

Das Meer in der Wanne

Auch Putbus lockte bald mit seinen neuen Kureinrichtungen: Die edlen Gäste kamen in eleganten Kutschen über die Landstraße, die heute als Alleestraße bekannt ist. Wo eben noch Felder und Wiesen den Weg säumten, erschien den ersten Badeurlaubern unvermittelt zur Linken eine Reihe weiß gestrichener eleganter Stadthäuser und zur Rechten der ausgedehnte Schlosspark. Schräg gegenüber vom **Damwildgehege** 1 ließ Wilhelm Malte 1816 im Warmbadhaus Wannen mit warmem Meerwasser aufstellen. In dem Gebäude befindet sich heute ein **Uhrenmuseum** 2, in dem zu jedem seiner 1000 Zeitmessgeräte eine spannende Geschichte erzählt wird. Ebenfalls direkt an der Alleestraße liegt der großzügige rechteckige **Marktplatz** 3 mit dem **Rathaus** 4 an seiner Kopfseite, unverändert seit 1825. Erst zwei Jahre zuvor hatte der kleine Ort das Stadtrecht für Handel und Gewerbe erhalten.

Große Geste

Ebenfalls am Markt befindet sich seit 1819 das **Theater** 5 von Putbus. In den 1990er-Jahren liebevoll renoviert, präsentiert sich das Schmuckstück innen wieder hell und sommerlich wie in seinen frühen Jahren. Die Fassade ist dem Park zugewandt und in Richtung des verschwundenen Schlosses orientiert: Vor dem Eingang zur Straße hin stehen vier mächtige Säulen, die einen Portikus tragen, unter dem ein Fries mit Apoll und seinen Musen zu sehen ist.

Träume eines Fürsten: in der Stadt, wo die Rosen blühen und die Häuser weiß, gleich breit und gleich hoch sind

Ganz schön hübsch die Orangerie. Wie mag erst das Schloss ausgesehen haben, das – welch Frevel! – wegen seines undichten Dachs abgerissen wurde?

Nur noch ein kleines Stück und die ehemalige **Orangerie** 6 ist erreicht. Hier gibt es Ausstellungsräume, ein kleines Café und einen Laden mit Kunsthandwerk.

Nicht ganz dicht

Die **Orangerie** 6 ist eines von mehreren Gebäuden in dem 75 ha großen Park. Was fehlt, ist die Residenz derer zu Putbus. Das Schloss mit seinen vielen Flügeln und den hohen Säulen vor dem Mittelbau wurde in den 1960er-Jahren wegen seines undichten Dachs abgerissen. Im Arbeiter- und Bauernstaat fehlte es an Ziegeln für das herrschaftliche Gebäude. Erhalten geblieben sind nur noch die Terrassenanlagen der fürstlichen Residenz am schmalen Ende des Schwanenteichs. Die Zeit überdauert haben neben der Orangerie weitere Nebengebäude: der Marstall mit der alten Schmiede und das ehemalige Affenhaus. Nahe dem Wildgehege steht die **Schlosskirche** 7 etwas versteckt zwischen all dem Grün. Sie wurde ursprünglich als Kursaal errichtet und von 1846 bis 1891 als Tanz-, Spiel- und Speisesalon genutzt. Heute werden hier wieder Trauungen gefeiert. Konzerte und Veranstaltungen finden dagegen gelegentlich im **Marstall** 8 statt, und eine Ausstellung in der alten **Schmiede** nebenan informiert von Mai bis Oktober (tgl. 11–17 Uhr) über den Abriss des Schlosses.

INFOS/ÖFFNUNGSZEITEN

Uhren- und Musikgerätemuseum 2: Alleestraße 13, T 038301 609 88, www.ruegenmagic.de/ruegen-uhrenmuseum, Mai–Okt. 10–18, sonst 11–16 Uhr, Mo geschl., Erw. 5 €, Kinder 2 €

Theater 5: Markt 13, T 038301 80 80, www.theater-vorpommern.de, Mitte Jan.–Mitte Febr. geschl., 256 Sitze. Kostenlose Führungen des Fördervereins durch das Theater, Dauer ca. 45 Min., je nach Spielplan, deshalb vorher anrufen oder auf die Website schauen.

Orangerie – KulturStiftung Rügen 6: Alleestr. 35, T 038301 88 97 97, www.kunstorte-mv.de, www.kulturstiftung-ruegen.de, Mai–Okt. Mi–So 10–17, Nov.–April Mi–Sa 11–16, So 13–16 Uhr. Die Galerie des Landkreises Vorpommern-Rügen präsentiert regionale Künstler.

Beim Flanieren durch den Park können botanisch Interessierte verschiedene Exoten wie den Mammut- und den Gingkobaum entdecken, die zum Teil jahrzehntelang in der Orangerie gehegt wurden, um sie an das hiesige Klima zu gewöhnen. Kuriositäten erwarten die Spaziergänger auch im ehemaligen Affenhaus. Statt lebender Tiere sind dort Puppen und kulturhistorische Raritäten ausgestellt. Das **Puppen- und Spielzeugmuseum** 9 zeigt seit 1994 über 400 Puppen und Teddybären. Für den kleinen Hunger ist das **Rosencafé** 3 die richtige Anlaufstelle.

Weiterträumen, bitte!

Frisch gestärkt kommt man über die schnurgerade Kastanienallee direkt auf den **Circus** 10 zu. Der kreisrunde abschüssige Platz mit dem Obelisken in der Mitte ist das Herzstück der Stadtanlage und entstand ab 1833. Umgeben von 16 klassizistischen Gebäuden manifestiert sich auf dem weitläufigen Gelände Wilhelm Maltes Vorstellung von einer eleganten und großzügig angelegten Residenz. Das weitläufige Rund verbindet die Stadt und den Park.

Von hier führt der Weg zum ca. 5 km entfernten Lauterbach, wo der Fürst 1818 direkt am Boddenufer das imposante Friedrich-Wilhelm-Bad eröffnet hatte. Denn der damalige Zeitgeist verlangte von einem Badeort bald die Nähe zum Wasser. Trotzdem verlor Putbus an Anziehungskraft, weil schon im Jahr 1824 das Baden im offenen Meer als viel gesünder galt. Die edlen Herrschaften verbrachten ihre Sommerfrische bald am Ostseestrand, in Binz und Sellin.

Wilhelm Malte sann nach neuen Aufgaben für seine kleine Stadt: Putbus mit seinem reizenden Theater sollte geistig-kulturelles Zentrum werden. Am Circus in dem großen Gebäude an der Ecke zur Alleestraße eröffnete er 1836 das **Pädagogium** 11, ein Internat und das erste Gymnasium der Insel für die Söhne wohlhabender Rüganer, heute ist hier das IT-College untergebracht. Der Ruhm des Badeortes Putbus währte nur kurz, er fiel in eine Art Dornröschenschlaf, aus dem er zum Glück immer noch nicht ganz erwacht ist.

INFOS/ÖFFNUNGSZEITEN

Schmiede im Marstall 8: Mai–Okt. tgl. 11–17 Uhr

Puppen- und Spielzeugmuseum 9: Park 3, T 038301 609 59, www.puppenmuseum-putbus.de, Juni–Aug. 10–18, sonst 10–16 Uhr, Erw. 6 €, unbedingt nach einer Führung fragen; Café mit Terrasse am Schwanenteich. Im ehemaligen Affenhaus zeigt Karin Ernst Puppen, Plüschtiere, Zinnsoldaten und manch skurriles Exponat wie die Puppenguillotine.

BLICK INS GRÜNE

Rosencafé Putbus 3: Bahnhofstr. 1 (am Circus), T 03831 88 72 90, www.rosencafe-putbus.de, tgl. 12–17, an Theaterabenden bis 19.30 Uhr. Das Restaurant im historischen Gärtnerhaus ist liebevoll im klassischen Stil eingerichtet. Lauschig sitzt man auf der überdachten Terrasse direkt im Park.

Faltplan: E/F 8 | **Cityplan:** S. 28 | **Anfahrt:** L 29 sowie über Posewitz und Garz

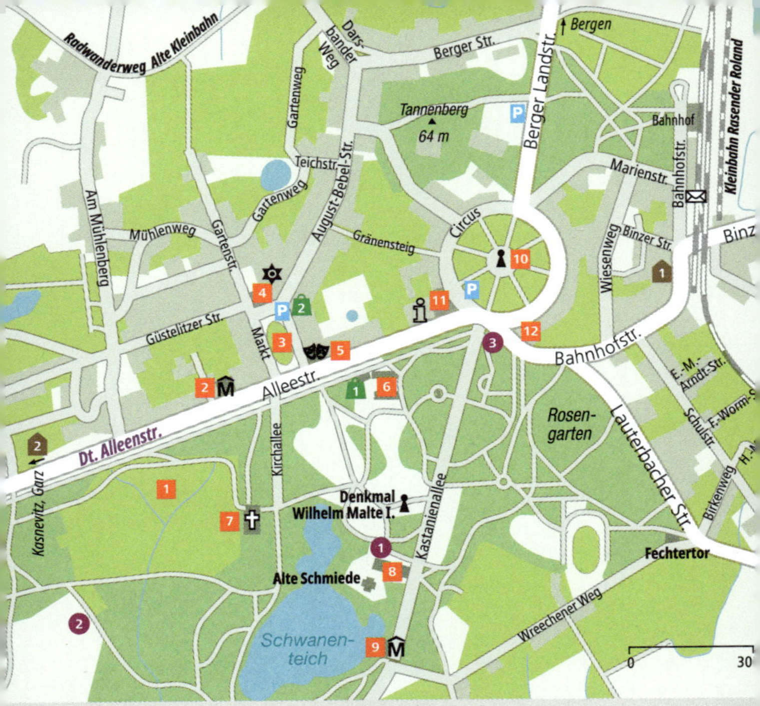

PUTBUS

Sehenswert
1 Damwildgehege
2 Uhrenmuseum
3 Marktplatz
4 Rathaus
5 Theater
6 Orangerie
7 Schlosskirche
8 Marstall
9 Puppen- und Spielzeugmuseum
10 Circus
11 Pädagogium
12 CIRCUS EINS
13 Haus ›Kopf über‹

In fremden Betten
1 Hotel Koos
2 Gutshaus Ketelshagen

Satt & glücklich
1 Leib und Seele
2 Jägerhütte
3 Rosencafé Putbus

Stöbern & entdecken
1 Anders Keramik
2 Kornrade

Sport & Aktivitäten
1 Die Pirateninsel

Alleestr. 35, im rechten Torhaus vor der Orangerie, T 038307 402 38, Di–Sa 11–17, im Sommer bis 18 Uhr

Von glücklichen Bienen
Kornrade 2

Bioland-Imkerin Ursula Korn verkauft Honig aus den verschiedenen Landschaften Rügens sowie Kerzen, Schokolade und Wein. Im Hofgarten kann man im Sommer das Treiben im Schaubienenkasten beobachten.
Markt 9, T 038301 622 21, www.kornrade.de, Di–Fr 14–18, Sa 10–14 Uhr

Wenn die Nacht beginnt

Vorhang auf
Theater 5

Das in hellen Farben einladend restaurierte Theater ist ein Gastspielhaus und bietet Schauspiel, Kabarett, Musik und

Opernveranstaltungen. Das aktuelle Programm gibt es in der Putbus-Information. Tipp: Der Förderverein bietet eine kostenlose Theaterführung an, Dauer ca. 45 Min.

Markt 13, T 038301 80 83 30, www.theater-vorpommern.de, Theaterkasse Di–Fr 10–13, 16–18 Uhr, Vorverkauf auch in den Touristeninformationen der Region, sonst T 03831 264 66; mit der Theaterkarte können Besucher am Veranstaltungstag alle Busse des RPNV ab 14 Uhr kostenlos nutzen. Anmeldung für die Theaterführung: T 03830180 80, www.theater-putbus.de

 **Sport & Aktivitäten**

Falls es regnet
Die Pirateninsel 1

Hallenspielplatz auf 2500 m² für Kinder zum Toben mit geheimnisvoller Piratenhöhle, Hüpfburgen, Trampolinen …

Lauterbacher Str. 10, T 038301 89 83 66, www.pirateninsel-ruegen.de, Mo–Fr 13–19, Sa/So, Fei/Ferien (in MV) sowie Juni–Aug. 10–19 Uhr, Erw. 4,50 €, Kinder 7,50 €

INFOS & TERMINE

Putbus-Information: Alleestr. 2, T 038301 609 64, www.ruegen-putbus.de, Mai–Sept. Mo–Sa 10–17, So 10–14, Okt.–April Mo–Fr 10–16 Uhr. Infomaterial, Kartenvorverkauf, Auskünfte zum RPNV

Festspielfrühling Rügen: im März, von Kammermusik bis Orchesterwerke, www.festspiele-mv.de

Putbus-Festspiele: zwischen Himmelfahrt und Pfingsten, mit Oper, Operette und Ballett, www.putbus-festspiele.de

Rügener Kabarett-Regatta: Sept., im Putbuser Theater, www.theater-putbus.de/ruegener-kabarett-regatta.html

AUSFLUG NACH WREECHEN UND NEUKAMP

Bei Putbus liegt der idyllische **Wreechensee** (🕮 E 8). Vom schilfumstandenen Gewässer zum Rügischen Bodden fließt ein kleiner Wasserlauf. Eine Brücke darüber führt über die Dorfstraße vom Örtchen **Wreechen** (🕮 E 8) ins nahe gelegene **Neukamp** (🕮 E 8). Am Bodden lädt ein von Bäumen beschatteter schmaler Naturstrand zum Verweilen ein.

Metall im Garten
Ein kleiner Skulpturenpark, eine Werkstatt und Galerie sind das romantische Refugium von Metallkünstler Bernhard Misgajski. Im **Kunstort Alte Wassermühle** stellt er seine Werke und die von befreundeten Künstlern aus.

Kastanienallee 2, Wreechen, T 038301 615 16, www.kunstort.net, auf Anfrage

Mit Jules Verne unter dem Meer
Hotel & Restaurant Nautilus

Mit viel Liebe zum Detail wurde das Erlebnisrestaurant dem Unterseeboot von Kapitän Nemo aus Jules Vernes Klassiker nachempfunden. Die Zimmer sind ebenfalls maritim eingerichtet – denn wer wollte nicht schon mal nach einem guten Essen einfach ins Bett fallen.

Dorfstr. 17, Neukamp, T 038301 830, www.ruegen-nautilus.de, DZ mit Frühstück 100–140 €, Sauna; Restaurant tgl. ab 12 Uhr, Neukamper Fischsuppe 7,50 €, gepökeltes Eisbein 16 €

Lauterbach 🕮 F 8

Die Bewohner des Fischerdorfs Lauterbach staunten nicht schlecht, als Fürst Wilhelm Malte I. 1818 das imposante Friedrich-Wilhelm-Bad für seine adligen Badegäste errichten ließ. Damit kam die weite Welt in das verschlafene Örtchen am Rügischen Bodden, viele Maler übernachteten in dem eleganten klassizistischen Hotel mit Blick auf die Insel Vilm (▸ S. 32).

Hauptanziehungspunkt ist der kleine Hafen und die Marina mit etwa 200 Liegeplätzen. Hier gibt es auch schwimmende Häuser, in denen man herrlich Urlaub auf dem Wasser machen kann.

Rund um Rügen unter Segeln? Das lassen sich sogar gelangweilte Teenager gefallen …

Zwei Segelschulen machen Lauterbach zur angesagten Adresse für Wassersportfreunde.

Wohnen auf dem Wasser

Wasserferienwelt im-jaich

Kapitän im eigenen Heim sind die Bewohner der schwimmenden oder auf Pfählen stehenden Ferienhäuser in der Marina. Am Ufer gibt es auch Apartments für Landratten. Mit Sauna, Kinderbetreuung und dem Restaurant **Kormoran** mit regionaler Küche und leckerem Kuchen (Fischgerichte um 20 €, Pizza 10–13 €).

Am Jachthafen 1, T 038301 80 90, www.im-jaich.de, 2–4 Pers. 119–215 €

Klassizismus küsst Backstein

Hotel Badehaus Goor

Das historische Gebäude mit der imposanten Säulenfassade wird flankiert von zwei weit weniger spektakulären Anbauten, die sich zum Bodden hin öffnen. Alt und Neu verbinden sich im rosa und hellblau gehaltenen Speisesaal. Ein Wellnessbereich mit Schwimmbad lädt auf 900 m² zum Erholen ein.

Fürst-Malte-Allee 1, T 038301 882 60, www.hotel-badehaus-goor.de, DZ ab 100 €

Traditionslokal

Zum schwarzen Bären

2019 übernahm Familie Schau das bereits seit 1890 existierende Restaurant. Die leckeren Fisch- und deftigen Fleischgerichte locken zahlreiche Gäste an, im Sommer sitzt man nett im kleinen Biergarten am Haus.

Hafenstr. 8 (frühere Dorfstr.), T 038301 886 90, www.zumschwarzenbären-rügen.de, Di–So 17–22 Uhr, während der Saison tgl., 1/4 Ente, Eisbein und Wildgulasch je 14–15 €

Fisch vom Kutter

Räucherschiff Berta

Im Hafen von Lauterbach geht es über schmale Planken direkt zu Fischbrötchen und Räucherfisch mit leckerer Marinade.

T 038301 621 14, Ostern–Okt. ab 11 Uhr, Fischbrötchen um 3 €

Noch mehr Fisch

Fisch-Verkaufsstelle Kutter Jasmund

Fangfrischer Fisch, Marinaden, Räucherfisch aus lokalem Fang von Fischer Jens Engelbrecht.

Direkt am Hafen, Mo–Sa 10–16, So ab 11 Uhr

Ahoi Leichtmatrose

Segelschule Rügen im jaich

Kindersegelkurse, Segelgrundkurse, aber auch amtliche Sportbootführerscheine und Segelbootcharter. Interessant ist der Verleih von Motorbooten ohne Führerschein: 15 PS für max. 4 Pers. pro Boot, 80 €/Tag, exkl. Benzin.

Am Jachthafen 1, T 038301 80 90, www.im-jaich.de

Bergen 🗺 E 6/7

Wer hoch hinaus will, ist in Bergen, dem Verwaltungszentrum der Insel, richtig: 90 m ragt der nahe Rugard, das ›Zentralmassiv‹ von Rügen, in die Höhe. Doch Hauptstadtflair sucht man hier vergebens. Macht nichts – Kulturinteressierte und Actionfreunde haben trotzdem ihren Spaß.

FÜR NATURFREUNDE

Am Badehaus Goor in Lauterbach beginnt der Rundweg **›Pfad der Muße und Erkenntnis‹**: Naturfreunde entdecken bei einem Streifzug mit der Landschaftsökologin Steffi Deickert durch das 7 ha große Naturschutzgebiet Goor mehr als den einladenden Naturstrand und alte Baumriesen (mit Anmeldung, T 0162 107 53 74, www.natur-beruehrt.de, 15 €).
Meditative Ruhe erfasst besonders diejenigen, die allein und im eigenen Tempo durch den romantischen Wald spazieren. Eine liebevoll gestaltete **Begleitbroschüre** zum Weg informiert über das Ökosystem Wald und lädt zum Innehalten ein. Auf dem Pfad verweisen Findlinge mit Nummern auf die verschiedenen Stationen. Die Broschüre von Steffi Deickert ist für 5 € im Badehaus Goor, wo der Rundweg beginnt, und bei der Putbus-Information erhältlich.
Eine kostenlose Führung durch die Goor bietet das Amt für das **Biosphärenreservat Südost-Rügen** von Mai bis Okt. (Di 10.15 Uhr, 3,5 Std., Treffpunkt Fischladen am Parkplatz Hafen Lauterbach, T 038303 88 50, www.biosphaeren reservat-suedostruegen.de).

Sehenswürdigkeiten wie die Marienkirche mit ihrer eindrucksvollen Innenausmalung, das Stadtmuseum und der Ernst-Moritz-Arndt-Turm am slawischen Burgwall laden zu einem gemütlichen Stadtbummel durch die sich auf- und abschlängelnden Gassen ein. Die Hanglage brachte den Bewohnern in der Vergangenheit viel Leid, weil durch sie bis zum Ende des Mittelalters bei Feuersbrünsten das Löschwasser knapp war. Ein Großteil der Fachwerkhäuser wurde aus Wassermangel von Bränden zerstört.

DURCH RÜGENS GESCHICHTE BUMMELN

Himmel und Hölle

Bergens **Marienkirche** 1 ist ein Überbleibsel aus den Tagen der Christianisierung Rügens. Sie ist das älteste erhaltene Gebäude der Insel und wurde um 1180 gebaut, nachdem der Slawenfürst Jaromar I. nach seiner Niederlage gegen die christlichen Dänen den Glauben seiner Bezwinger angenommen hatte. Im Chorraum stehen sich links und rechts des Altars Bilder von Himmel und Hölle an den Wänden gegenüber: Links ist das Paradies als ein blühender Garten gut zu erkennen. Vier Männer als Sinnbild der Paradiesflüsse halten Krüge in den Händen, aus denen Wasser fließt. Rechts geben sich Menschen ihren Lastern und Begierden hin. Die original erhaltenen romanischen Wandmalereien gehören zu den ältesten in ganz Norddeutschland. Sie geben einen Eindruck von den Jenseitsvorstellungen einer längst vergessenen Zeit – und gehen doch fast unter in einem wahren Farbenrausch: Nach der Entdeckung der uralten Motive unter Kalkputz restaurierte der Historienmaler August Oetken (1868–1951) die wertvollen Malereien im 19. Jh. – und ergänzte den Rest im Stil einer Totalausmalung nach mittelalterlichem Vorbild.

Billrothstr. 1, Führungen auf Anfrage im Kirchenbüro: T 03838 25 35 24, www.kirche-bergen.de, April–Okt. Mo–Sa 10–16 Uhr

Von Slawengöttern und schwedischen Herren

Im **Klosterhof** neben den Geschäften der Kunsthandwerker findet sich das

Das Zifferblatt der Kirchturmuhr an der Nordseite des Turmes hat eine 61-Minuten-Teilung.

Im Schatten uralter Eichen – **die Urwaldinsel Vilm**

Sie machen den Besuch von Rügens winzigem Urwaldparadies zum Erlebnis: Seit 700 Jahren trotzen uralte Eichen auf der nur 100 ha kleinen Insel dem Zahn der Zeit. Mit ihrem knorrigen Wuchs standen sie schon den Malern der Romantik Modell. Ihre Äste beschatteten später zu DDR-Zeiten die urlaubenden SED-Funktionäre.

Sie schippert die erwartungsvollen Besucher sicher über den Rügischen Bodden zur Insel Vilm: Allein das Motorschiff Julchen darf Gäste auf die verwunschene Urwaldinsel bringen. Nach einer kurzen Überfahrt erreicht das Boot den **Anleger** 1 des Eilands von der Größe Helgolands, während die Naturfreunde schon ihre Kameras griffbereit halten.

Warum der Vilm ›Bonzeninsel‹ hieß ...

Nun geht es eine kleine Anhöhe hinauf zu einem kleinen **Reetdachdorf** 2: Hier verbrachte der Ministerrat der DDR die schönsten Wochen des Jahres. Kein anderer durfte die Insel betreten. Seit 1990 betreibt die **Internationale Naturschutzakademie (INA)** hier für Umweltinitiativen eine Forschungs- und Begegnungsstätte. In ihren Räumen finden Ausstellungen und Konzerte statt. Von den Häusern geht es auf einem Trampelpfad einmal um die Insel.

Zu DDR-Zeiten wurde Vilm im wahrsten Sinne des Wortes von der Landkarte gestrichen: Die oberste Riege des Staates wollte ungestört sein. Die Natur war es auch und hat sich – Ironie der Geschichte – dadurch prächtig entwickelt.

Rügen en miniature

Die Insel zeigt auf engstem Raum fast alle Küstengestalten der südlichen Ostsee und ist mit über 300 verschiedenen Farn- und Blütenpflanzen relativ artenreich. Eigentlich besteht der Vilm aus zwei Teilen: Der Große und der Kleine Vilm sind durch eine schmale Nehrung, den Mittel-Vilm, verbunden. Die Buchenwälder auf dem Großen Vilm gehören zu den ältesten Naturwäldern Norddeutschlands, ohne einen einzigen Axthieb erreichen die stattlichen Buchen hier ein Alter von 250 bis 300

Jahren. Wie aus der Zeit gefallene Fabelwesen stehen zwischen ihnen bizarr geformte alte Eichen. Sie sind Überbleibsel der Hudewälder, den Weidewäldern des Mittelalters.

Im Zauberhain der Dichter

Nach der Eröffnung des Badehauses in der Goor (1818) besuchten viele Kurgäste die Insel. Gerade Künstler verbreiteten den Ruf von den Naturschönheiten: Caspar David Friedrich widmete der Rügischen Küstenlandschaft um 1810 das Gemälde »Landschaft mit Regenbogen«. Auf seine Empfehlung bereiste 1819 Carl Gustav Carus das kleine Eiland, später entstand aus seinen Erinnerungen das Bild »Eichen am Meer«.

Viel zu schnell vergeht die Zeit. Spätestens nach drei Stunden legt Julchen wieder im Hafen von Lauterbach an. Wer sich auf dem Vilm hungrig und müde gelaufen hat, findet um den Hafen herum einige Restaurants und Hotels, viele davon mit Hafen- oder Boddenblick.

Seit 1527 ist auf dem Vilm kein Holz mehr geschlagen worden. Damals hatte die ›Edle Frau Agatha‹, Gräfin zu Putbus, das letzte Mal das Recht zum Abholzen verkauft. Sie knüpfte daran die Bedingung, dass 60 Eichen verschont werden mussten. Einige der knorrigen Hegebäume stehen heute noch – lebendige Sinnbilder für Alter, Lebenskraft und Vergänglichkeit.

INFOS/ÖFFNUNGSZEITEN

Barkasse Julchen: Reederei Lenz, Hafen von Lauterbach, nur nach Voranmeldung, T 038301 618 96, www.vilmexkursion.de, Erw. 18 €, Kinder 4–12 J. 9 €, Dauer 2,5–3 Std. Tipp: gerade im Sommer rechtzeitig reservieren, am besten von zu Hause aus. Nur 30 Besucher tgl. dürfen die Insel betreten.

Internationale Naturschutzakademie: Die Akademie veranstaltet jährlich rund 80 internationale und nationale Tagungen. T 038301 861 12, Tagungskalender der Insel Vilm unter www.bfn.de/naturschutzakademie.html.

ESSEN UND WOHNEN

Am Bodden (1): Chausseestr. 10, Lauterbach, T 038301 80 00, www.am-bodden.de, Küche tgl. 16.30–21.30, im Winter bis 20.30 Uhr, in der Saison auch Mittagstisch, Rumpsteak (200 g) 22,90 €. Steaks sind sein Gemüse: Der Chef empfiehlt Rind, ob Burger oder Dry Aged. Oder soll es lieber Fisch und Pasta sein? Gern auch an einem lauen Abend mit einem Glas Wein auf der Terrasse. Zum Übernachten gibt's 17 Zimmer.

Faltplan: F 8

Stadtmuseum 2 von Bergen. Zu sehen sind Ausstellungsstücke aus der Bronzezeit, außerdem Infos zu den Göttern der Slawen und zur Geschichte des Klosters sowie Exponate aus der Schwedenzeit.

Billrothstr. 20 a, www.stadtmuseum-bergen-auf-ruegen.de, Mai–Ende Okt. Di–Sa 10–16.30, Nov.–April Di–Fr 11–15 Uhr, Fei geschl., Erw. 2 €

Turm mit toller Aussicht

Der **Ernst-Moritz-Arndt-Turm** 3 im slawischen Burgwall wurde zu Ehren von – na, von wem wohl? – Ernst Moritz Arndt errichtet. 1769 als Sohn eines Leibeigenen in Groß Schoritz (▸ S. 23) geboren, gehörte der Theologe und Historiker lange zu den berühmtesten Deutschen. Er setzte sich erfolgreich für die Abschaffung der Leibeigenschaft im damaligen Schwedisch-Pommern ein. Als politischer Publizist hetzte er in den Freiheitskriegen gegen Napoleon und die Franzosen – und gegen die Juden, wofür er von den Nazis verehrt wurde. 1877 wurde das Denkmal fertiggestellt. Bei schönem Wetter bietet die Plattform unter der Kuppel einen Blick auf den Jasmunder Bodden.

Auf dem Rugard, T 03838 25 41 67, Ostern–Ende Okt. tgl. 10–18 Uhr (Nov.–Ostern gibt es einen Schlüssel im benachbarten Hotel), 2 €

Zum 100. Geburtstag des Rügener Dichters und Historikers Ernst Moritz Arndt gründete der Rügener Landrat mit dem Bergener Bürgermeister 1869 ein ›Komitee zur Errichtung eines Arndt-Denkmals‹ – am 26. Dezember 1869, dem 100. Jubiläumstag des in Groß Schoritz Geborenen, wurde der Grundstein für den mit Spenden finanzierten Bau gelegt. Doch die eingeworbenen Mittel reichten nicht. Als das Projekt zu scheitern drohte, spendete Kaiser Wilhelm I. 3000 Mark und ermöglichte damit die Vollendung des Turms. Nach acht Jahren war das 26,70 m hohe Denkmal 1877 endlich fertig.

SCHLEMMEN, SHOPPEN, SCHLAFEN

In fremden Betten

Zentral

Romantikhotel Kaufmannshof 1

Zu dem einladenden Hotel mit 18 Zimmern gehört das liebevoll nostalgisch eingerichtete Restaurant **Kontor,** die regionale Küche ist raffiniert verfeinert. Im Innenhof des Hotels lockt im Sommer der Biergarten unter der Linde: Eine kühle Erfrischung bietet das naturtrübe Hausbier, dazu schmeckt die Kaufmanns-Sülze und der gedünstete Dorsch.

Bahnhofstr. 6–8, T 03838 80 45 50, www.kaufmannshof.de, DZ mit Frühstück 90–150 €

Nicht für alle Tage

Gutshaus Kubbelkow 2

Das behutsam restaurierte und mit Antiquitäten elegant eingerichtete Gutshaus der Familie Diembeck bietet Entspannung und Erholung für höchste Ansprüche, mit Wellnessbereich und Gutspark inklusive Teich und Barfußpfad im Kräutergarten. Das **Restaurant** mit ausgezeichneter Küche hat eine wechselnde Monatskarte. Für die besondere Gelegenheit: Bentley-Shuttle mit Chauffeur.

Im Dorfe 8, Klein Kubbelkow, ca. 4 km südl. von Bergen, T 03838 822 77 77, www.kubbelkow.de, 6 großzügige DZ/Suiten mit Frühstück 130–190 €; Restaurant Mi–Mo, Voranmeldung empfohlen

Satt & glücklich

Eiskalt genießen

Eispalast 1

Lecker sind die Eissorten alle, doch das Sanddorneis ist die Spezialität des Hauses. Auch Kaffee und Kuchen.

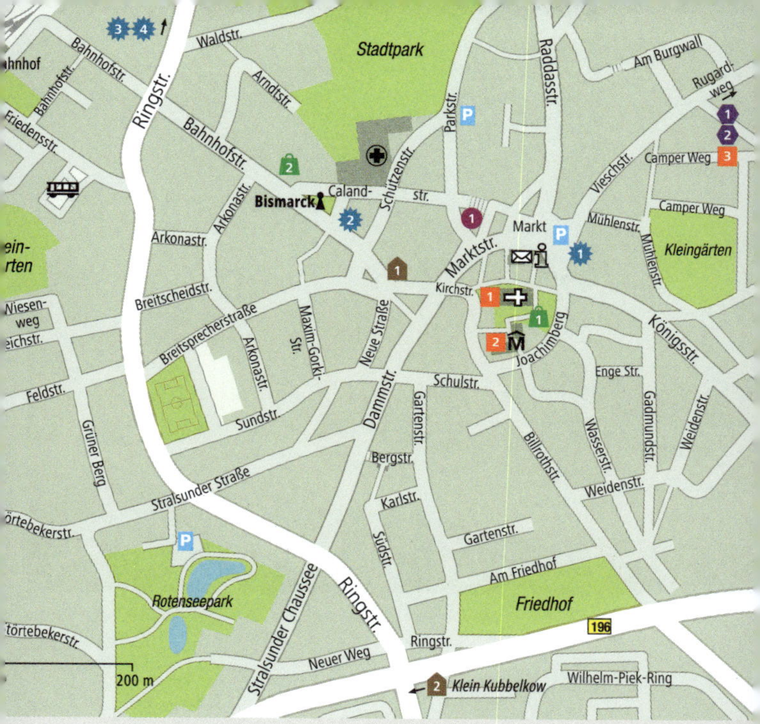

BERGEN

Sehenswert
1 Marienkirche
2 Stadtmuseum im Klosterhof
3 Ernst-Moritz-Arndt-Turm

In fremden Betten
1 Romantikhotel Kaufmannshof
2 Gutshaus Kubbelkow

Satt & glücklich
1 Eispalast

Stöbern & entdecken
1 Kunsthandwerk im Klosterhof
2 Kalinka

Wenn die Nacht beginnt
1 Gastwirtschaft am Markt
2 Larry's Bar
3 UC You See Kino
4 La Grange

Sport & Aktivitäten
1 Inselrodelbahn Bergen/Rutschenturm
2 Kletterwald Rügen

Marktstr. 6, T 03838 235 35, Juli/Aug. Mo–Fr 10–21, sonst 11–18, Sa/So ab 14 Uhr, Eiskugel 1 €, Eisbecher ab 5 €

Dammstr. 1, T 03838 223 32, tgl. 12–22 Uhr, Gerichte 8–20 €

Stöbern & entdecken

Schickes von der Insel

Kunsthandwerk im Klosterhof 

Kleine Läden und Schauwerkstätten laden zum Gucken und Stöbern ein: Hüte, Kerzen, Kleider, Schmuck u. v. m.

Im Klosterhof, April–Okt. Di–Fr 10–18, Sa 11–13, Nov.–März Di–Fr 11–16 Uhr

Ostalgie

Kalinka 2

Die Beratung und das freundliche Lächeln von Irina machen den Einkauf in diesem russischen Spezialitätenladen zum Erlebnis: Ob Süßes oder Gewürze, Spielsachen

Die Bauten für die Störtebeker Festspiele kommen zwar aus der Retorte, aber wenn die Falken fliegen, die Jongleure und Seiltänzer herumwirbeln, die Kanonen knallen und das Feuerwerk am Himmel leuchtet, wirkt alles ganz echt.

oder Hochprozentiges. Tipp: die Piroggen und das Eis!

Bahnhofstr. 14, T 03838 405 31 17, Mo–Fr 9–18, Sa 10–17 Uhr

Wenn die Nacht beginnt

Bibo ergo sum
Gastwirtschaft am Markt 1

Die gemütliche Kneipe bietet eine große Auswahl kalter Getränke, auf der Terrasse einen Platz an der Sonne, Internetzugang und kleine Gerichte, z. B. Rügen-Tapas.

Am Markt 14, T 03838 25 22 59, www.biboergosum.de, Mo–Fr ab 11, Sa ab 12, Küche bis 21.30, Juli/Aug. bis 23 Uhr

Neues Zuhause
Larry's Bar 2

Junge, entspannte und freundliche Bar. Bahnhofstr. 11 a, Mo–Sa 17–0 Uhr, weitere Infos über Facebook, z. B. Table Quiz

Mal wieder Kino?
UC You See Kino 3

Aktuelle internationale Blockbuster und Arthouse-Filme in 6 Sälen.

Ringstr. 140, Kartenreservierungen T 03838 20 21 22, www.kino-bergen-ruegen.de, Di ist Kinotag: 8 €

Experimentell und alternativ
La Grange 4

Fürs bessere Timing genügt ein Blick auf die Homepage, ansonsten einfach vorbeischauen: Ausstellungen zeitgenössischer Künstler, Konzerte und Workshops in der Halle im Bergener Gewerbegebiet geben einen Einblick in die alternative Szene der Insel.

Gingster Chaussee 6, www.la-grange.de, Öffnungszeiten der Festivals und Ausstellungen ▸ Website

Sport & Aktivitäten

Besser als Achterbahn
Inselrodelbahn Bergen/ Rutschenturm 1

Die 700 m lange Rodelbahn überwindet einen Höhenunterschied von 27 m. Die rasante Abfahrt geht durch sieben Steilkurven und über mehrere Jumps und endet im Tal in Steillage in einem

Aktionskreisel. Der Multifunktionsturm ist 23 m hoch und hat drei Rutschenabgänge.

Rugardweg 7, T 03838 82 82 82, www.inselrodelbahn-bergen.de, www.rutschenturm-ruegen.de, April/Mai/Juni, Sept./Okt. 10–18, Juli/Aug. 10–19, Nov.–März 13 Uhr bis zum Anbruch der Dunkelheit, Rodelfahrt Erw. 2,50 €, Kinder bis 14 J. Fahrt 2 €, Rutschen jeweils 2 €

Wipfeltour mit Höhenangst
Kletterwald Rügen 2
Wer gleichzeitig die Natur erleben und seine eigene Geschicklichkeit herausfordern will, ist hier gut aufgehoben. 110 cm Körpergröße sind Voraussetzung.

Rugardweg 9, T 015204 90 32 63, www.kletterwald-ruegen.eu, April–Okt. 10–18 Uhr, Erw. 20 €, Kinder 5–7 J. 10 €, ab 8 J. 14 €/2 Std. reine Kletterzeit

INFOS

Bergen Touristik Service: Markt 23, T 03838 315 28 38, www.stadtinfo-bergen-ruegen.de, Mo–Fr 10–16, Juni–Aug. auch Sa 10–15 Uhr

Ralswiek E 6

Klaus Störtebeker, der gefürchtete Pirat, soll in Ralswiek seine Beute versteckt haben, so will es die Sage. Ob wahr oder falsch: Ralswiek ist mit seiner Lage am Jasmunder Bodden und seinem mächtigen Schloss perfekte Kulisse für die Störtebeker Festspiele. Mehrere Tausend Besucher bevölkern in den Sommermonaten tagtäglich das kleine Dorf.

Doch auch abseits der Freilichtbühne lohnt sich eine Stippvisite. Bis heute prägt das Schaffen von Hugo Sholto Oskar Georg Graf Douglas in Form des **Schlosses Ralswiek** das Aussehen des kleinen Hafenorts. Der Großindustrielle kaufte das Gut Ralswiek 1891, um seinen Alterssitz im Stil französischer Renaissanceschlösser zu errichten. Er verwandelte die Gartenanlage in einen englischen Landschaftspark. Die Holzkapelle am Eingang des Dorfes kaufte er 1907 auf der Weltausstellung in Schweden. Das Herzstück seines neuen Heims ließ er an einem Hang oberhalb des alten Gutsgeländes bauen, die Innenräume plante er mit dem belgischen Architekten Henry van de Velde. Die Ausgestaltung im Jugendstil 1914 erlebte der Graf nicht mehr, er starb 1912.

Edel übernachten
Schlosshotel Ralswiek
Viel dunkles Holz, Lüster, schwere Sessel in der Bibliothek und im Salon sowie ein Schwimmbad erwarten die Gäste des Schlosses. Erbaut hoch über dem Jasmunder Bodden, bietet die edle Herberge einen exzellenten Ausblick auf das abendliche Feuerwerk während der Störtebeker Festspiele. Eine Etage tiefer, auf der Terrasse des **Schloss-Restaurants,** gibt es ab 12 Uhr Kaffee und Kuchen, warme Küche ab 17 Uhr.

Parkstr. 35, T 03838 203 20, www.schlosshotel-ralswiek.de, DZ mit Frühstücksbuffet, Minibar, TV und Telefon 100–200 €

1 Termin
Störtebeker Festspiele: Auskunft und Kasse: T 03838 311 00, www.stoertebeker.de, Ende Juni–Anfang Sept. Mo–Sa 20 Uhr. Großes Kino: Das Historienspektakel auf der Freilichtbühne am Jasmunder Bodden ist um die Legenden des berühmten Piraten gestrickt – mit 150 Mitwirkenden, vier Schiffen, 30 Pferden, vielen Stunts und Spezialeffekten.

Angeblich erwarb Klaus seinen Nachnamen durch seine enorme Trinkfestigkeit. Störtebeker, ›Stürz den Becher‹, wurde daraus. Aber das ist ebenso unbewiesen wie seine Rügener Herkunft: Er soll in Ruschwitz, in der Nähes des Guts Spyker, in Wismar oder in Rotenburg (Wümme) geboren worden sein …

Vineta

Die Bäder und Mönchgut

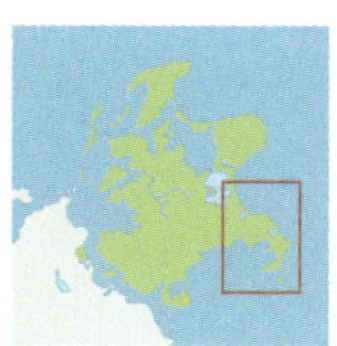

Urlaubsland mit Badestrand! Nirgendwo ist Rügen dem Ostseetraum mit Sommer und Sonne so nah wie hier im Südosten der Insel – und das auch noch mit Stil. Die Promenadengänger und Sonnenanbeter in Binz, Sellin, Baabe und Göhren genießen den Trubel auf den von eleganten weißen Bädervillen flankierten Wegen. Fern der Seebrücken locken hingegen zwischen Bodden, Wald und Wiesen malerische Dörfer, die, ans Ufer gekuschelt, offenbar auf romantische Entdecker warten. So wird das Mönchgut mit seinem stillen Zauber auch Rügens Schatzkästchen genannt.

Binz G 6/7

Die Nummer eins unter Rügens Seebädern liegt an der sanft geschwungenen Bucht mit einem kilometerlangen Strand an der Prorer Wiek. Hier gibt es alles, was das Strandurlauber-Herz begehrt: einen breiten Strand mit ganz feinem weißen Sand, flaches Wasser, eine unendlich scheinende Promenade, eine Seebrücke und zahlreiche Restaurants und Unterkünfte für jeden Geldbeutel.

400 weiße **Bädervillen** (▸ S. 42) geben dem Ort sein elegantes Flair. Nette kleine Boutiquen sorgen für entspanntes Shoppen. Wer sich eher für Kunst und Kunsthandwerk interessiert, findet in der Margaretenstraße Galerien, Goldschmieden und vieles mehr (www.kunstmeile-binz.de; 1–4 ▸ S. 42).

Ins Dorf

Der ursprüngliche Teil des Fischerdörfchens Binz ist dem **Schmachter See** zugewandt. Ein Spazierpfad führt an dem idyllischen Biotop entlang. Neubauten liegen im Norden und erstrecken sich fast bis nach Prora. Auch einige große Ferienanlagen sind in Strandnähe zu finden.

SCHLEMMEN, SHOPPEN, SCHLAFEN

In fremden Betten

Preis-Leistung: top
Jugendherberge Binz 1
Zentral in Binz und dann noch mit Blick aufs Meer – super!
Strandpromenade 35, T 038393 325 97 (für Einzelgäste und Familien), binz.jugendherbergen-mv.de, ÜF 38 € p. P.

Individuell

Villa Schwanebeck 2
Familiär geführte Bädervilla (mit Restaurant) von 1907. 50 m vom Strand entfernt. 22 farbenfrohe Zimmer im Hotel und 6 im Gästehaus nebenan.
Margaretenstr. 18, T 038393 20 13, www.villa-schwanebeck.de, DZ mit Frühstücksbuffet 90–150 €

Kleinod
Villa Ruscha 3
1999 wurde das Logierhaus von 1896 vollständig renoviert. Die Apartments mit Balkon oder Terrasse sind nach ökologischen Kriterien mit Wollteppichen und Holzmöbeln eingerichtet und in Weiß und Blau gehalten.
Strandpromenade 31, T 038393 149 10, www.villa-ruscha.de, 14 Apartments für 2–5 Pers. 110–150 €

Oh, Sole mio!
Binz-Therme 4
Das Haus liegt an der Strandpromenade etwas außerhalb in einem Dünenwäldchen, Highlight für Wellnessfans: die hauseigene Thermalquelle. Über 100 Zimmer, Suiten und Apartments.
Strandpomenade 76, T 038393 60, www.binz-therme.de, DZ 125–195 €

Satt & glücklich

Für Sterngucker
freustil 1
Das helle Restaurant unter der Leitung des Sternekochs Ralf Haug atmet skandinavische Freundlichkeit. Nordische Küche wird hier fantasievoll verwandelt. Im Ableger **Canteen** nebenan geht's lockerer zu, hier gibt es Snacks und ein 3-Gänge-Surprise-Captainsdinner für 19 €.
Zeppelinstr. 8, T 038393 504 44, www.freustil.de, Mi–So 12–15, 18–24 Uhr, 2-Gänge-Lunch 19 €, 6-Gänge-Menü 66 €

Schlemmen und Schmökern
Carlsson's Literaturcafé 2
Herrliche Torten und jede Menge Bücher, dazu Kaffee oder doch lieber selbstgemachten Eistee? Über Lesungen, Vorträge und Harfenkonzerte informiert die Facebookseite.
Putbuser Str. 9, T 038393 436 70, www.pensionsanddorn.de, tgl. 13–18 Uhr

Ostsee
Prora
Mukraner Str.
Strandpromenade
Kurplatz
Strandpromenade
Schwedenstr.
Haus des Gastes
H.-Heine-Str.
Strandpromenade
Goethestr.
Lottumstr.
Marienstr.
Schillerstr.
Hauptstr.
Putbuser Str.
Klünderberg
Dünenstr.
Wylichstr.
Margarethenstr.
Zeppelinstr.
Elisenstr.
Mittelstr.
Sonnenstr.
Waldstr.
Paulstr.
Putbuser Str.
Jasmunder Str.
llahner Str.
Bahnhof
Proraer Chaussee
Pestalozzistr.
Schmachter-seestr.
Zinglingsberg
Zinglingstr.
Amselweg
Am Kleinbahnhof
Finkenweg
Sassnitz
Park der Sinne
Seepromenade
Schmachter See
Bahnhofstr.
Kleinbahnhof Binz-Ost
Kleinbahn Rasender Roland
Bergen, Sellin
0 200 m

BINZ

Sehenswert
1 Villa Agnes
2 Kurhaus
3 Seebrücke
4 Rettungsturm

In fremden Betten
1 Jugendherberge Binz
2 Villa Schwanebeck
3 Villa Ruscha
4 Binz-Therme

Satt & glücklich
1 freustil
2 Carlson's Literaturcafé
3 Strandhalle

Stöbern & entdecken
1 Fischräucherei Kuse
2 tonicum keramik

Wenn die Nacht beginnt
1 Bar und Brasserie im Hotel Villa Salve

Urig
Strandhalle 3
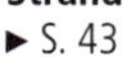
▸ S. 43

Stöbern & entdecken

Lecker Lachs
Fischräucherei Kuse 1
▸ S. 43

Ton in Ton
tonicum Keramik 2
Teekannen, Gebrauchsgeschirr (spülmaschinenfest), Schmuck und Vogelhausskulpturen an den Farben des Meeres und der Landschaft orientiert.
Margaretenstr. 20, T 038393 43 63 12, www.tonicum-keramik.de, Di–Sa 10–17 Uhr

Wenn die Nacht beginnt

Treffpunkt
Bar und Brasserie im Hotel Villa Salve 1
Auf der Terrasse mit Meerblick und am Tresen werden erstklassige Weine und Cocktails serviert – wer einmal da war, kommt gern wieder.
Strandpromenade 41, T 038393 22 23, www.ruegen-schewe.de, 8–21.30 Uhr

INFOS & TERMINE

Kurverwaltung Ostseebad Binz: im Haus des Gastes, Heinrich-Heine-Str. 7, T 038393 14 81 48, www.

Traumstrand mit Ufo – **die Binzer Promenade**

Binz ist mein wahr gewordener Sommerostseeurlaubstraum. Immer wieder zieht es mich zur Promenade: Flanieren, so weit die Füße tragen, den Blick aufs Meer gerichtet oder auf die Pracht der weißen Bädervillen. Eine neben der anderen erzählen die kunstvoll verzierten Fassaden von Müßiggang und Sommerfrische …

Angefangen hat alles mit Fürst Wilhelm Malte I. zu Putbus: Er brachte ab 1826 die ersten adligen Gäste aus Putbus zum Baden mit der Kutsche an den Strand von Binz. Von den Einheimischen wurden die Anhänger der neuen Mode lange Zeit als ›Bader‹ und ›Luftschnapper‹ misstrauisch beäugt. Doch als sie das Potenzial der Badekultur erkannten, setzte ein wahrer Bau-Boom ein: Bis zum Ersten Weltkrieg entstanden Urlaubsvillen, Logierhäuser und Hotels, sommerlich heiter und offen mit Balkonen, breiten Freitreppen und Säulen. Dabei orientierten sich die Architekten an verschiedensten historischen Vorlagen. Aber weiß sollten sie sein wie in Heiligendamm, dem ersten Seebad an der deutschen Ostseeküste. Wichtig waren auch die schattigen Balkone, damit sich die elegante Gesellschaft beim Luftkuren ihre vornehme Blässe erhielt. Später wurden die überdachten Freisitze mit kunstvoll durchbrochenen Laubsägearkaden und individuell gestalteten Rosettenmotiven geschmückt.

Gesittet ging es um 1900 am Strand zu: Bis 1922 schickte es sich nur für Kinder, vom Sand aus ins Wasser zu gehen. Die Erwachsenen saßen adrett angezogen im 1882 erfundenen Strandkorb. Wer baden oder sich sonnen wollte, ging ins Damen- oder Herrenbad, einen extra abgesperrten Strandabschnitt.

Beauty aus Beton

In Binz gibt es noch 400 der alten Bädervillen – die schönsten stehen an der Strandpromenade. Mein Lieblingsplatz liegt an ihrem südlichen Ende am Granitzwald auf Höhe der **Villa Agnes** 1 (Strandpromenade 2), Feriendomizil des Bäckermeisters August Brehme aus Gera. 1890 ließ er die klassische Bädervilla für seine Ehefrau Agnes bauen. Hier steht auch die **Strandhalle** 3, ein sommerlich leichter Holzbau mit großen Fens-

tern. Er war der Speisesaal für ein 1888 gebautes und inzwischen abgerissenes Hotel. Die Holzhalle diente auch mal als Tanzsaal, im Winter lagerten hier Strandkörbe.

Bei gutem Wetter zieht es mich an den Strand zu Rügens bekanntestem Geheimtipp, der **Fischräucherei Kuse** 1. Von der rustikalen Sonnenterrasse aus hat man eine tolle Aussicht auf **Kurhaus** 2 und **Seebrücke** 3. Doch was steht da im Sand wie ein gestrandetes Ufo? Ulrich Müthers **Rettungsturm** 4. Der Binzer Architekt (1934–2007) baute zu DDR-Zeiten in Betonschalen-Technik Perlen der modernen Architektur. Heute dient die ehemalige Wasserwacht als Trauzimmer.

Am Strand will niemand nach Hause telefonieren, auch wenn der Binzer Rettungsturm an Besuch aus dem All denken lässt.

FÜHRUNGEN

Boy's Reisebegleitung: Proraer Chaussee 3g, T 038393 325 15, www.reiseleiter-ruegen.de

GENUSS UND TRADITION

Strandhalle 3: Strandpromenade 5, T 038393 315 64, www.strandhalle-binz.de, tgl. 12–22 Uhr, 3-Gänge-Menü 34,50 €. Die feine Küche macht den Besuch in dem mit Antiquitäten und Nippes dekorierten Haus zum Genuss.

Fischräucherei Kuse 1: am Fischerstrand gegenüber der Strandhalle, T 038393 29 70, März–Dez. tgl. ab 9 Uhr. Frischer und geräucherter Fisch aus eigenem Fang zum Kaufen und Sofortessen.

ZUM WEITERLESEN

Barbara Finke/Beatrice Pippia: Landhäuser und Villen am Meer. Rügen und Hiddensee, Berlin/Wildeshausen 2009. Zu kaufen im Haus des Gastes in Binz.

Faltplan: G 7

Ruine im Umbruch – Prora

Die hässlichen Betonblöcke des Kraft-durch-Freude-Projekts der Nazis haben nie – wie vom NS-Regime geplant – als ›Bad der 20 000‹ ›arische‹ Urlauber beherbergt. Seit Kurzem jedoch gehen in Prora luxussanierte Urlaubsimmobilien in dem denkmalgeschützten Nazi-Baukomplex weg wie warme Semmeln.

Jahrzehntelang wurde über die Nutzung der Rohbau-Ruinen diskutiert, die auf 2,5 km den schönsten Strand von Rügen mit ihrer Monumentalarchitektur erschlagen. Nun ist seit 2015 Urlauben in den alten Gemäuern hip, dank einer Lockerung im Denkmalschutz – und Prora erfindet sich neu. Wer einen Eindruck von dem Größenwahn der Nationalsozialisten bekommen will, muss sich beeilen.

Der Strand von Prora gehört zu den schönsten auf Rügen: ganz breit mit feinstem Sand und einer flachen Uferzone. Deswegen im Sommer Badesachen nicht vergessen!

Elegantes Marzahn am Meer?

Prora ist nach dem Nürnberger Reichsparteitagsgelände die zweitgrößte NS-Hinterlassenschaft. Von den ursprünglich acht Wohnriegeln, die die Urlauber beherbergen sollten, stehen heute noch fünf Blöcke. Die geschichtsträchtige Bausubstanz mit ihren Spuren aus NS- und DDR-Zeit verschwindet nun nach und nach hinter eleganten Pools, weißer Tünche und schicken Glasbalkonen.

Geschichte, die selbst Geschichte wird

Wo das große Geld lockt, haben engagierte Initiativen einen schweren Stand. Um seine Zukunft kämpft das **Dokumentationszentrum** 1 mit der Ausstellung MachtUrlaub, die am Beispiel von Prora über die Wechselbeziehung von Politik und Architektur informiert. Die Ausstellung verdeutlicht umfassend und engagiert den historischen Kontext, der zum Bau des Ferienbades geführt hat, und zeigt die räumliche und geschichtliche Dimension des Bauvorhabens: Prora als Mittel zur Manipulation der Massen und Propagandawerkzeug der Nationalsozialisten. Die **KulturKunststatt Prora** ist bereits dem Umbau von Block 3 in einen Apartmentkomplex gewichen: Die umfangreiche Schau auf 5000 m² mit Relikten aus Nazi-Zeit und DDR-Vergangenheit ist seit 2019 selbst Geschichte. Wer einen Einblick in die Geschichte von Prora als NVA-Standort bekommen will, kann an der **Jugendherberge** 1 die Ausstellung im **Prora-Zentrum** besuchen – auch hier ist ein Umzug in Zukunft nicht ausgeschlossen.

Exponat oder Experiment?

Doch der Binzer Vorort, dessen Name zum Symbol für den nationalsozialistischen Bau-Wahnsinn geworden ist, hat noch andere Museen und Interessantes für Natur- und Technikfreunde zu bieten: Physikalische Phänomene zum Anfassen bietet in Prora die **Galileo Wissenswelt** 2. Kaum zu bewegen sind dagegen die gigantischen Exponate im **Oldtimer Museum** 3 – in einer riesigen Halle haben historische Dampfloks, Oldtimer und Güterzüge eine neue Heimat gefunden.

Proras neue Wipfelstürmer

Für Baumfreunde bietet sich ein Besuch im **Seilgarten** 1 nebenan an. Oder noch viel besser: ein Spaziergang auf dem neuen Baumwipfelpfad im **Naturerbe Zentrum Rügen** 2. Barrierefrei windet sich ein 1250 m langer Holzbohlenweg in schwindelerregende Höhe und informiert über den Lebensraum Wald – ein Muss für große und kleine Entdecker, kindergerecht mit Spielplatz.

Innen luxussaniert, außen ein schicker Balkon dran, gleich hinterm Wäldchen der Sandstrand – fertig ist die Geldanlage in Niedrigzins-Zeiten. Aber unbedingt die Apartmentnummer merken …

Bäume für alle – barrierefrei geht's auf dem Baumwipfelpfad in höchste Höhen, gelegentlich unterbrochen von Infostationen.

INFOS/ÖFFNUNGSZEITEN

Dokumentationszentrum Prora 1: Objektstr. 1, Block 3/Querriegel, T 03893 139 91, www.prora.eu, März/April, Sept./Okt. tgl. 10–18, Mai–Aug. tgl. 9.30–19, Nov.–Febr. tgl. 10–16 Uhr
Galileo Wissenswelt 2: Forstverwaltung 1, www.galileo-ruegen.de, April–Okt. tgl. 10–17, Nov.–März Sa/So 10–16 Uhr, Eintritt ▸ Website
Oldtimer Museum Rügen 3: Proraer Allee 119, T 038393 23 66, www.oldtimer-museum-ruegen.de, April–Okt. 10–17 Uhr, Erw. 10 €, Kinder (5–16 J.) 5 €

Prora-Zentrum: Mukraner Str. 12, neben der **Jugendherberge 1**, T 038393 12 79 21, www.prora-zentrum.de, Mai–Okt. tgl. 10–18, sonst Mo–Fr 10–16 Uhr, Erw. 4 €

DIREKT AM STRAND

Jugendherberge Prora 1: Mukraner Str., Gebäude 15, Buchungen: T 0381 77 66 70, www.prora.jugendherberge.de, Übernachtung mit Frühstück ab 38 € p. P.

FÜR NATUR- UND KLETTERFREUNDE

Seilgarten Prora 1: Objektstr. TH52, Block 3, T 03831 356 94 73, www.seilgarten-prora.de, April, Mai, Okt. Di–So 10–17, Juni–Sept. Di–So 10–18 Uhr, 2 Std. ab 90 cm Schulterhöhe, Erw. 22 €, Familienkarte 32–64 €. Kletterwald mit 11 Parcours und 15 Seilbahnen.
Naturerbe Zentrum Rügen 2: Forsthaus Prora 1, T 038393 66 22 00, www.nezr.de, Mai–Sept. tgl. 9.30–19, April, Okt. tgl. 9.30–17.30, Nov.–März 9.30–16 Uhr, Erw. 12,50 €, Kinder (6–14 J.) 9,50 €. Erlebnisausstellung und Baumwipfelpfad mit herrlichem Blick über den Jasmunder Bodden.

Faltplan: F 6

ostseebad-binz.de, Touristeninformation Mo–Fr 9–18, Sa/So 10–18, Nov.–Febr. bis 16 Uhr, Buchung von Bustagesfahrten, Zimmervermittlung
Touristeninfo im Kleinbahnhof: Bahnhofstr. 54, Haltestelle Binz-Ost des Rasenden Rolands, T 038393 58 98 92, Mo–Fr 10–13, 13.30–17 Uhr. Informationszentrum mit Bibliothek, WC und Leseecke, außerdem Fahrradverleih
Touristeninfo an der Seebrücke: öffentliche und behindertengerechte WCs, Schiffstickets für die Ausflugsschiffe Richtung Kreidefelsen
Anbaden: Am 1. Mai am Strand unterhalb des Kurplatzes, anschließend erstes Kurkonzert zur Sommersaison
Bluesfestival Blue Wave: Juni, www.bluewave.de, in Binz und am Kap Arkona

Sellin H 7

Mit den herrlichen Villen steht Sellin der großen Schwester Binz in puncto Eleganz in nichts nach! Einzigartig ist der Blick vom Ende der feinen Wilhelmstraße auf den Nordstrand: Wie von einem natürlichen Balkon fällt das Hochufer hier steil zum Strand hin ab und bietet einen wunderbaren Panoramablick auf das Meer, den weißen Sandstrand und die im alten Stil wieder entstandene Seebrücke mit Café und Restaurant.

WAS TUN IN SELLIN?

Stehaufbrücke

Das Wahrzeichen von Sellin wurde im Laufe seiner über 100-jährigen Geschichte mehrmals zerstört. Erbaut 1906 für den Fährverkehr auf der Ostsee, wurde die **Seebrücke** bereits 1924 durch winterliches Packeis zum ersten Mal zerstört. In den 1970er-Jahren gab es hier eine beliebte Tanzgaststätte, die 1978 abgerissen wurde. Seit 1998 steht sie wieder: strahlend weiß und filigran wie ihre Vorgängerin von 1927. In dem lichtdurchfluteten Glaspavillon **Palmengarten** werden Cocktails und Kaffeespezialitäten serviert. Leckere Fischgerichte gibt es gleich nebenan im Restaurant **Kaiserpavillon.**

Die Prachtstraße entlang

Direkt auf die Seebrücke zu läuft Sellins Prachtstraße, die **Wilhelmstraße:** eine weiße Villa reiht sich hier an die nächste, zahlreiche Restaurant-Terrassen und prächtig verzierte Balkone sind der Straße zugewandt. Seit mehr als einem Jahrhundert ermöglichen sie es ihren Bewohnern auf Zeit, gleichzeitig einen Blick auf das emsige Treiben und das ferne Blau zu erhaschen. 1899 beschloss der Gemeinderat einen ersten Bebauungsplan, in dem der Ausbau zum Seebad festgelegt wurde. In nur 15 Jahren entstanden die weißen Logierhäuser an der 1896 angelegten Selliner Wilhelmstraße. Sie sind als einmaliges architektonisches Ensemble bis heute erhalten. Stilbildend wirkte die 1897 erbaute **Villa Granitz** (www.villagranitz.de): Als eines der ersten Häuser an der Straße setzte sie Maßstäbe durch Anklänge an die klassizistische Eleganz der Putbuser Stadtvillen.

Jetzt geh'n wir um den See

Etwas bodenständiger geht es in Richtung Süden am **Selliner See** zu, hier hält der Rasende Roland und verläuft die B 196 Richtung Baabe. Auch Tankstellen und Supermärkte haben sich in der Umgebung angesiedelt. Über dem See zeigt sich abends die Sonne am längsten. Das wissen auch die Gäste der großen Apartment-**Wohnanlage am Seepark** (www.seepark-sellin.de), die umgeben ist von ausgedehnten Rasenflächen. Hier lockt bei schlechtem

NOCH EIN STRAND

Der Nordstrand ist toll, der Südstrand auch: Kinder lieben die 127 m lange Wasserrutsche. Außerdem lässt es sich von hier aus an der Promenade bis nach Baabe und Göhren spazieren.

Wasser und Dampf – **Rasender Roland trifft Weiße Flotte**

Eine Entdeckungstour ganz ohne Pkw: Das Wasser-und-Dampf-Ticket vereint die zwei schönsten Fortbewegungsmittel Rügens zu einem Tagesausflug. Mit der Dampflok geht es von Binz bis nach Baabe. Ein Schiff bringt die Reisenden über den Rügischen Bodden bis nach Lauterbach. Wer möchte, kann vor der Rückfahrt einen Streifzug durch Putbus unternehmen.

Die Fahrt lässt sich auch an anderen Orten wie Sellin, Göhren oder Baabe beginnen. Aber vor der Tour unbedingt in den Wasser-und-Dampf-Plan schauen und An- und Abfahrtszeiten sowie Fußwege planen.

Alle einsteigen bitte!

Am **Kleinbahnhof in Binz** 1 eilen Urlauber zu den altmodischen Waggons. Eine Schaffnerin pfeift und hebt den Arm mit der typischen grünen Kelle. Es geht los, die Dampflok setzt sich schnaufend in Bewegung: Mit dem ersten Rasenden Roland um 9.44 Uhr (Sommerfahrplan Mai–Okt.) geht es auf schmaler Spur Richtung Baabe. Die Schienen der Bahn winden sich durch den hügeligen Buchenwald der Granitz. Mit 30 km/h rumpelt der Zug dann gemächlich an Feldern und Wiesen sowie am Selliner See vorbei bis nach Baabe. Zeit zum Aussteigen! Im **Kleinbahnhof Baabe** 2 ange-

kommen, haben die Rundreisenden die Qual der Wahl: Badefreunde schlendern nach links auf der schmucken Lindenpromenade die Strandstraße hoch zum breiten Sandstrand, Eilige gehen doch lieber gleich weiter zum Schiff.

Vom Kleinbahnhof sind es keine 200 m in Fahrtrichtung, bis es rechts ab die Dorfstraße hinuntergeht, durch den alten Teil des Ortes. Am Ende der Dorfstraße ist es nicht mehr weit bis zum Anleger: Der Weg führt nach rechts die Bollwerkstraße hinunter bis zum **Baaber Bollwerk** 3. Wer nicht so weit laufen möchte, kann auch mit ›Uns lütt Bahn‹ – der Bäderbahn von Baabe – von der Strandstraße bis zum Anleger fahren.

Kein Nostalgie-Firlefanz: Der Rasende Roland ist ein ganz und gar ernst zu nehmendes Verkehrsmittel für die Pendler auf Rügen.

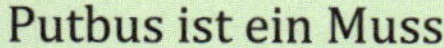

Putbus ist ein Muss

Vom Baaber Bollwerk fährt die MS Sundevit vorbei an Schilf und bewaldeten Ufern hinaus auf den Rügischen Bodden. Eine Stunde dauert die Überfahrt nach **Lauterbach** 4. Das ehemalige Fischerdorf hat sich gemacht: Im kleinen Hafen und an der Marina empfehlen sich Restaurants und familiäre Hotels. Etwas versteckt am Waldrand liegt das Hotel Badehaus Goor (▶ S. 30) mit seiner imposanten Säulenfassade.

Nach einem Spaziergang durch Lauterbach geht es von der Haltestelle direkt auf der Mole mit dem Rasenden Roland zurück Richtung Binz. Zu empfehlen ist ein Zwischenstopp im schönen **Putbus** 5 oder auch in **Sellin** 6, denn das Wasser-und-Dampf-Ticket erlaubt eine Unterbrechung der Fahrt auf der Strecke.

INFOS

Wasser und Dampf:
www.weisse-flotte.de/fahrplan. Infoflyer mit den An- und Abfahrtszeiten gibt es in den Touristeninformationen, die Tickets in vielen Touristenbüros, in den Häfen Lauterbach und Baabe sowie in der Kleinbahn direkt. Ticket für Erw. 18 €, Kinder (4–14 J.) 11 €, Familienkarte für 2 Erw. und bis zu 3 Kindern 48 €, Fahrradmitnahme 7 €, Hund 11 €

SCHNITZEL AM ZUG

Wie ein Eisenbahnwaggon eingerichtet ist das Restaurant **Kleinbahnhof Sellin** 1, das so etwas wie ein kleines Bahnmuseum ist. Es gibt einfache Gerichte wie Dorsch und Schnitzel. Wer ein bisschen Zeit mitbringt, sieht den Rasenden Roland vorbeifahren (an der B 196 Nr. 3, T 038303 879 71, www.kleinbahnhof-sellin.de, tgl. 12–20.30 Uhr, Gerichte 11–20 €).

Faltplan: E–H 7/8

Legendär: das gemütliche Strandkorb-Silvester in Göhren mit Buden und Livemusik auf der Promenade

Wetter das **Freizeitbad mit Sauna** (▸ S. 51) und im Winter eine Schlittschuhbahn.

SCHLEMMEN, SCHLAFEN, SPORTELN

 In fremden Betten

Strahlend weiße Bädervillen – wer in der **Wilhelmstraße** eine Unterkunft sucht, hat die Qual der Wahl unter den eleganten Häusern. Es gibt einige Hotels, meist sind jedoch Apartments zu vermieten.

Charmante Bädervilla
Villa Sand im Schuh
Original erhaltene Bädervilla mit offenen Balkonen und Wintergärten, Sonnenterrasse sowie Sauna.
Wilhelmstr. 18, T 038303 872 91, www.villa-sandimschuh.de, DZ mit Frühstück und Apartments für 2 Pers. 54–94 €

Grüner wird's nicht
Villa Edelweiss
Villa mit schönem Garten in ruhiger Lage.
Granitzer Str. 51, T 038303 872 72, www.sellin-edelweiss.de, 5 Apartments für 2–4 Pers. 85–120 €

Wellness mit Meerblick
Hotel Bernstein
Der Blick von dem direkt am Hochufer gelegenen Hotel begeistert. Es gibt auch ein Restaurant mit Sonnenterrasse und Ostseeblick sowie die Bar **Bernstein-Lounge.** 750 m^2 große Sauna- und Wellnesslandschaft mit Meerblick-Pool.
Hochuferpromenade 8, T 038303 17 17, www.hotel-bernstein.de, DZ mit Frühstück 106–214 € inkl. Nutzung Wellness/Sauna

Bonzen in Alleinlage
Cliff Hotel
Im Charme der 1970er-Jahre präsentiert sich das 5-Sterne-Hotel, das früher exklusiv den Funktionären der SED als Erholungsort diente und möglicherweise Pläne von Bauhaus-Architekt Mies van der Rohe zum Vorbild nahm. Nach der Wende wurde es großzügig umgebaut. Es liegt direkt am Hochufer im Wald und hat einen Fahrstuhl zum Strand. Bei Regen kann man im schwungvoll überdachten 25-Meter-Becken seine Bahnen ziehen – oder kegeln oder in den Kinosaal gehen.
Siedlung am Wald 22 a, zwischen Sellin und Baabe, T 038303 84 84, www.cliff-hotel.de, DZ mit Frühstück 118–200 € inkl. Nutzung des Schwimm- und Spa-Bereichs, Kinderanimation in der Hauptsaison

Satt & glücklich

Genuss mit Meeresbrise
Kaiserpavillon und Palmengarten auf der Seebrücke

Im lichtdurchfluteten Glaspavillon **Palmengarten** in Jugendstil-Optik werden mit Blick auf ein großes Aquarium Cocktails und Kaffeespezialitäten serviert. Leckere Fischgerichte, aber auch Pasta und Rinderfilet gibt es gleich nebenan im Restaurant **Kaiserpavillon**.

T 038393 92 96 00, www.seebrueckesellin.de, tgl. 11–22 Uhr, Gerichte 10–25 €

Fisch klassisch
Restaurant Zum Skipper

In dem Fischrestaurant mit passender Schiffer-Deko gibt es bodenständige Gerichte, z. B. Kutterscholle mit Gurkensalat und Kartoffelstampf (17 €).

Wilhelmstr. 31, T 038303 907 40, www.skipper-sellin.de, Mai–Okt. tgl. 11–21.30, Nov.–April tgl. 12–21 Uhr

Wein über den Wellen
Restaurant Weinwirtschaft Sellin

Hoch über dem Meer mit Blick auf die Seebrücke schmecken der bodenständige Selliner Fischtopf (7,90 €) oder das zarte Perlhuhn (24,90 €) mit dem passenden Weißen dazu gleich nochmal so gut.

Wilhelmstr. 24, im Luxus-Appartement-Haus First Sellin, T 038303 49 31 90, www.weinwirtschaft-sellin.de, Di–Sa 13.30–21, im Winter Do–Sa ab 17 Uhr

Sport & Aktivitäten

Durch den Wald
Geführte Wanderung in die Granitz

Das Amt für das Biosphärenreservat Südost-Rügen informiert über Rügens größtes zusammenhängendes Waldgebiet sowie die zahlreichen Tier- und Pflanzenarten, die das Kesselmoor am Schwarzen See bevölkern (▸ auch S. 52).

T 038303 88 50, www.biosphaerenreservat-suedostruegen.de, Juni–Okt. jeden Fr 10.15 Uhr, Treffpunkt: Kurverwaltung Sellin, Warmbadstraße, Dauer: ca. 3,5 Std., kostenfrei

Sellin historisch
»Fischer – Bauern – Hoteliers«

Zu Fuß oder auf dem Rad geht es vorbei an Gebäuden und anderen Landmarken in und um Sellin. Auf Informationstafeln erfährt man Interessantes über die Entwicklung Südost-Rügens von einer ländlich geprägten zu einer Tourismusregion. Das gleichnamige Faltblatt zur kulturhistorischen Entdeckungsreise gibt es in der Kurverwaltung Sellin.

Spaßbad
Ahoi! Rügen

Wenn das Wetter mal nicht mitspielt, ist ein Besuch in Sellins Erlebnisbad genau das Richtige: Wassergymnastik, Wasserrutsche (106 m), Wildwasserkanal, Wellness- und Massageangebote.

Badstr. 1, T 038303 12 30, www.ahoi-ruegen.com, Karfreitag–5. Nov. tgl. 11–21, im Winter tgl. 14–21 Uhr, Erw. 3 Std. 15 € (oder Mondscheintarif ab 19 Uhr 10 €), Saunazuschlag 5 €, ab 14 Uhr

Fahrradverleih
Rental Station im Seepark

Das ganze Sortiment vom Tourenrad (7,50 €/Tag) bis zum E-Bike (22 €/Tag).

T 038303 866 55, www.rental-station.de, Hauptsaison tgl. 9–18 Uhr, Nov.–Ende März geschl., Rabatte bei Kurkarte/Langzeitmiete

INFOS

Kurverwaltung Sellin: Warmbadstr. 4, T 038303 160, www.ostseebad-sellin.de, Mo–Fr 8.30–16.30, Mai–Sept. auch Sa/So 10–14 Uhr

Seedorf und Neuensiener See

G 7/8

Wie gemalt ragt hinter dem Neuensiener See in der Ferne der Turm des Jagdschlosses Granitz in die Höhe (▸ S. 52). Ein Weg führt über eine kleine weiße Holzbrücke

Publikumsmagnet im Wald – **das Jagdschloss Granitz**

Die freitragende Treppe schraubt sich über 154 Stufen zur Aussichtsplattform empor, der weite Blick über Wiesen, Wälder, Bodden und die zergliederte Küstenlandschaft lohnt die Mühe. Über 250 000 Gäste pro Jahr tun es: Sie machen sich auf zum Jagdschloss inmitten des schützenden Blätterdachs der Granitz – und das am liebsten per Schmalspurbahn.

Kein Autolärm durchschneidet die Stille des Waldes – nur der Rasende Roland windet sich schnaufend durch die hügelige Endmoränenlandschaft bis zur Haltestelle Jagdschloss Granitz. Von hier ist es nicht mehr weit: 3 km schlängelt sich ein Weg aus überraschend grobem Kopfsteinpflaster unter Buchen und Mischwald den Tempelberg zum **Jagdschloss** 1 empor. Buchstäblicher Höhepunkt ist der Aufstieg auf den 38 m hohen Turm über eine filigrane Eisentreppe, die nichts für Menschen mit Höhenangst ist.

Man gönnt sich ja sonst nichts …

Der imposante Bau im Stil norditalienischer Renaissance-Kastelle wurde im Auftrag von Wilhelm Malte I., Fürst zu Putbus, nach Plänen des Berliner Architekten Johann Gottfried Steinmeyer gebaut. Der Turm wurde auf Anraten des Oberlandesbaudirektors Karl Friedrich Schinkel zusätzlich hinzugefügt. Die ursprünglichen Pläne hatten nämlich nur einen Lichthof vorgesehen.

Im Erdgeschoss befanden sich die Wohnräume der Fürstenfamilie, während das Obergeschoss der Repräsentation und der Unterhaltung der adligen Jagdgäste diente: Alle Säle beeindrucken mit edlen Marmor- und Parkettböden, Stuckdecken und Wandvertäfelungen. Darüber hinaus gibt es in den mit historischen Möbeln ausgestatteten Räumen auch wechselnde Ausstellungen und gelegentliche Konzerte. In der rustikalen **Alten Brennerei** 1 im Keller des Jagdschlosses wird

Stille schattige Pfade, Hochufer mit Seeblick und ein einsames Moor: Keine Straße führt durch Rügens größtes Waldgebiet, die Granitz. Dafür durchzieht ein gut ausgebautes Wegenetz die hügelige Endmoränenlandschaft. Tipp: von Sellin oder Binz mit Wanderkarte zum **Schwarzen See** 2 marschieren. Im See soll einst ein schönes Schloss versunken sein: Ein eitler Prinz jagte im Granitzwald und als er zurückkehrte, war sein Schloss weg. Nur ein Stuhl und seine Handschuhe schwammen auf dem See. Er griff nach seinen Handschuhen – und verlor damit sein Heim für immer. Hätte er den Stuhl gewählt, hätte er alles retten können, denn der Stuhl galt als Zeichen der Gastfreundschaft. Danach verwandelte sich der Prinz in eine knorrige Eiche am Ufer des Sees – und dort steht sie noch heute.

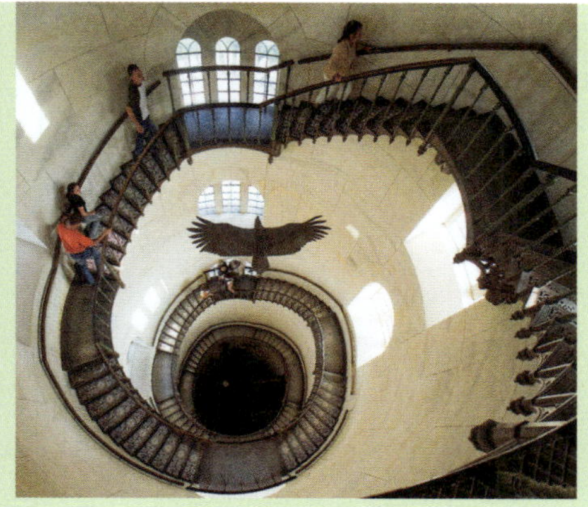

Wer traut sich? Die Serpentinentreppe im Turm des Jagdschlosses ist nichts für Leute mit Höhenangst – ach, wenn doch bloß nicht die tolle Aussicht am Ende aller Mühen wäre!

Deftiges serviert. Kaffee und Kuchen schmecken bei schönem Wetter auf der Schlossterrasse, für schnelle Gerichte vom Grill ist der **Waldbiergarten Granitz** nebenan zuständig – kinderfreundlich neben dem Spielplatz.

Nach dem Besuch im Jagdschloss geht es bequem zurück nach Binz oder Sellin, entweder mit dem Rasenden Roland oder mit der elektrischen Bäderbahn, die direkt am Schloss hält; die Schiffe der Bäderlinie verbinden Binz und Sellin miteinander.

Der Besuch des Pavillons über den Wellen auf der Seebrücke von Sellin krönt den Ausflug gebührend.

INFOS/ÖFFNUNGSZEITEN

Jagdschloss Granitz 1: Auf dem Tempelberg, T 038393 667 18 76 44, www.granitz-jagdschloss.de, April–Okt. tgl. 10–17, Nov.–März Di–So 10–16 Uhr, 6 €, Kinder frei

Alte Brennerei 1: T 038393 328 72, www.wirtshaus-jagdschloss.de, Ostern–Mai tgl. 10–17, ab Juni 10–19, Okt.–Ostern Di–So 10–17 Uhr

---

RASENDER ROLAND & CO.

Fahrpläne gibt es in den Tourismusbüros oder unter www.ruegensche-baederbahn.de; Sellin–Binz mit Rasendem Roland 4,80 €, Kinder (6–13 J.) 2,40 €, Binz–Sellin mit den Schiffen der Bäderlinie 8,50 €/Pers., einfache Fahrt (www.adler-schiffe.de/ab-ruegen/seebrueckenverkehr.php oder Tourismusbüros).

Faltplan: G 7

ins nahe gelegene Naturschutzgebiet und quert dabei einen kleinen Zufluss: die Lanckener Bek, die vom See in den Bodden fließt.

In dem kleinen Hafen von **Seedorf** liegen schnittige Segler vertäut neben alten Fischerbooten. Gaststätten mit Blick auf die Marina sorgen für das leibliche Wohl – entspannt und ganz ohne Bädertrubel. Die Dorfstraße führt zum Bodden, der hier Having heißt. Wer Lust hat, kann weiter nach links auf einem Uferweg bis nach **Moritzdorf** wandern – und dann mit dem Fährmann nach Baabe übersetzen.

Idyllisch am See

Ferienpension und Gaststätte Seeblick

Das Haus liegt direkt am Neuensiener See, umgeben von weiten Rasenflächen und einer umwerfenden Aussicht. Empfehlenswert: die Fastenwanderwoche.

Neuensien Nr. 9 a, Seedorf, T 038303 865 97, www.ferienpension-seeblick.de, DZ mit Frühstück 50–93 €, Ferienwohnung für 2 Pers. 49–99 €; warme Küche in der Gaststätte Mitte März–Ende Okt. 11.30–21 Uhr

Wie bei Großmuttern

Restaurant Drei Linden

Fast vergessene Gerichte aus regionaler Küche wie z. B. Himmel und Erde (mit Apfel, Kartoffeln und Blutwurst) und natürlich Fisch bietet das Restaurant, das dem Inneren eines Schiffes nachempfunden ist. Bei schönem Wetter lockt die Terrasse mit Blick auf den Jachthafen.

Seedorf Nr. 7, T 038303 872 41, März–Ende Nov. 12–20 Uhr, auch nach dem ersten Weihnachtstag geöffnet, Gerichte ab 9 €

Lancken-Granitz

G 7

Am Rand des Granitzwaldes schmiegt sich das beschauliche 300-Seelen-Dorf an die alte Backsteinkirche: Die romantisch von Bäumen umwachsene St.-Andreas-Kirche steht auf einem Hügel und wurde im 15. Jh. auf einem Sockel aus Findlingen errichtet.

Das Langhaus, das Chorgestühl und die Wandmalereien stammen wie das Kruzifix aus dem 16. Jh.
Etwas außerhalb der Siedlung liegt die eigentliche Attraktion des Ortes: Sieben **Hünengräber** sind am Rand einer Wiese aufgereiht (▸ S. 56).

Baabe

H 7

Nur einen Steinwurf ist Baabe von Sellin entfernt – und doch trennen die beiden beliebten Seebäder Welten: Während Sellin zur Wald- und Wiesenlandschaft der Granitz gehört, ist Baabe das Tor zum Mönchgut, dem südöstlichen Zipfel Rügens mit seinen vielen Buchten und Halbinseln, die weit ins Meer hineinragen.

Ein verschilfter Graben nahe der Ortseinfahrt zu Baabe markiert heute noch die Grenze des ehemaligen Besitzes vom Greifswalder **Kloster Eldena.** Vom 13. bis ins 17. Jh. lebten die Zisterziensermönche und Bauern nach den Regeln des Ordens weitgehend isoliert – auch später galten die Poken, wie die Leute von Mönchgut von den anderen Rüganern genannt wurden, als schweigsam und wenig kontaktfreudig.

Der Fährmann rudert selbst …

Baabe ist heute ein sympathischer Ferienort, kinderfreundlich und etwas bodenständiger als die Kaiserbäder im Norden.
Eine breite Flanierstraße führt von der Haltestelle des Rasenden Rolands zum langen weißen **Sandstrand.** An den Dünen gibt es einen mit hohen Bäumen bestandenen Kurpark mit Bühne sowie ein modernes Haus des Gastes. Direkt an der Bahnlinie verläuft die Durchgangsstraße, die Baabe fast schmerzhaft teilt. Auf der Seite zum Selliner See hin liegt der ruhigere Teil des Ortes. Hier

zeigt das **Mönchguter Küstenfischermuseum** in einer Freiluftausstellung die verschiedenen Gerätschaften der Fischer auf Mönchgut; Tafeln beschreiben Fischfang und Bootsbau (Bollwerkstr./ Ecke Dorfstr., frei zugänglich). Vom **Baaber Bollwerk** im Hafen rudert der Fährmann noch selbst hinüber nach Moritzdorf. Den alten Ortsteil von Baabe verbindet die Ortsbahn von Baabe, die **Uns lütt Bahn,** von Ostern bis Oktober mit dem Strand.

Im Strandkorb träumen
Hotel Lindequist

Das Hotel liegt allein im Hochuferwald mit eigenem Strand und Terrasse mit Blick aufs Meer. Zum Haupthaus gehören noch drei Waldhäuser mit DZ/ Apartments. Spannend: die Übernachtung im Schlaf-Strandkorb.

Von-Lindequist-Weg 1, Sellin/Baabe, T 038303 95 00, www.strandhotel-lindequist.de, DZ 84–129 €

Vier in einem
Strandhotel

Gleich vier Häuser mit Hotelzimmern und Apartments liegen an Baabes Flaniermeile, zum Hotel gehört ein Wellnessbereich mit Sauna und Whirlpool sowie Massagen und Schönheitsbehandlungen. Tipp: die Cocktailbar **CasBar** im Stil des Filmklassikers Casablanca.

Familie Schlüter, Strandstr. 24–28, T 038303 150, www.strandhotel-baabe.de, DZ/Suiten/ Apartments 120–145 €

Exklusiv
Solthus am See

Das **Restaurant** im skandinavischen Stil bietet gehobene regionale Küche, z. B. Rind, Dorsch und Rote Bete, verfeinert mit hauseigenen Kräutersalzen und Ölen. Das dazugehörige **Hotel** an Baabes Boddenseite überzeugt mit ungewöhnlicher Architektur und liebevoller Innengestaltung, dem Blick auf die Having und den Selliner See.

Bollwerkstr. 1, T 038303 871 60, www.solthus.de, 39 Zimmer und Suiten, eine Bibliothek mit Kamin und ein 200 m² großer Wellnessbereich, DZ 156–196 €, Gerichte ab 18 €

Fisch-Brötchen
Fischkutter »Lütt Matten«

Gestrandet am Baaber Bollwerk ist Werner Wanitschke mit seinem umgebauten Kutter. Der Imbiss überzeugt mit seinen Matjes-Kreationen. Super sind die Live-Musik-Abende an der frischen Luft mit Störtebeker-Bier vom Fass (Termine auf Facebook).

Bollwerkstr. 1b, www.fischkutter-luett-matten.de, Ostern–Ende Oktober tgl. von 11 Uhr bis Sonnenuntergang

AM STRAND MIT ULRICH MÜTHER

Die internationale Küche mit Blick aufs Meer schmeckt in dieser Strandbar. Ihr Erbauer, der Rügener Ulrich Müther, hinterließ auf der Insel einige Perlen der modernen Architektur (▸ S. 120; Am Inselparadies 1, T 038303 49 31 44, www.inselparadies-baabe.de, die Strandbar ist in der Saison tgl. 10–21 Uhr geöffnet, das Panorama-Restaurant im 1. Stock ab 11 Uhr, Pizza und Pasta um 11,50 €). Auf zum Inselparadies!

Und was ist mit Tee?
Teestube Baabe

19 Teesorten, regionale deutsche Küche und die im eleganten schwedischen Stil gehaltene Einrichtung begeistern.

Strandstr. 30, T 038303 121 71, auf Facebook, Di–So 17–21, im Aug. auch Mo

Heiter bis wolkig
Kabarett-Theater Lachmöwe

Das abwechslungsreiche Satireprogramm bewegt sich zwischen Alltag und (Ost-)Politik.

Strandstr. 25, T 038303 990 75, www.kabarett-theater-lachmoewe.de, Mitte Juni–Mitte Sept. tgl. 20 Uhr, 16–28 €, Schüler/Studenten/Schwerbehinderte 12 €, Vorverkauf ab 17 Uhr

Ausflug mit Panorama
Auf nach Moritzdorf

Am Bollwerk Baabe setzt ein Fährmann mit einem Ruderboot Fußgänger über nach Moritzdorf – im Sommer von früh

Stumme Zeugen – **Großsteingräber bei Lancken-Granitz**

Warum die Menschen der Steinzeit sich die Mühe machten, riesige Felsbrocken aufzustellen, um ihre Toten darunter zu beerdigen, werden wir wohl nie ganz enträtseln. Einige Hinweise geben die sieben Urzeitgräber bei Lancken-Granitz.

Im Mittelalter dachten die Leute, dass nur Hünen, also Riesen, stark genug waren, um die mächtigen Findlinge zu bewegen. Wegen der Konstruktion von mehreren aufrecht stehenden Steinen, die einen Deckstein tragen, werden sie oft als Dolmen, bretonisch für Steintisch, bezeichnet. Ihre Architekten waren Ackerbauern, die in einfachen Holzhäusern lebten. Archäologen gehen davon aus, dass die frühen Siedler Rügens die bis zu 50 t schweren Steine mit Booten aus anderen Teilen der Insel an die Küste brachten. Die Giganten bewegten sie mit Holzstämmen. Die bei Lancken-Granitz erhaltenen Steingräber sind Relikte aus der Jungsteinzeit und wurden vermutlich mehrere Tausend Jahre bis in die Bronzezeit ab ca. 1800 v. Chr. benutzt.

▶ HÜNENGRAB TO GO

Studierende der Ur- und Frühgeschichte der Universität Greifswald haben Hörtexte zu den wichtigsten Kulturdenkmälern aus Rügens Vorzeit entwickelt. Interessierte können sich unter www.ruegenhoeren.jimdo.com Informationen zu slawischen Burgwällen, Opfersteinen und anderen Bodendenkmälern kostenlos auf ihren MP3-Player oder über die App www.audioguide.me/audioguideme-stories-app aufs Smartphone (#ruegen.de) laden.

Fenster in die Steinzeit

Auf Rügen gibt es noch rund 50 dieser steinernen Monumente. Die Insel ist damit eine der an Bodendenkmälern reichsten Gegenden Norddeutschlands.

Am Rand einer Wiese bei Lancken-Granitz haben sieben von vormals 19 bekannten Totenstätten die Zeit überdauert. Folgen Sie dem Trampelpfad, um sie zu entdecken: Das **erste Steingrab** 1 befindet sich 200 m von der Straße entfernt auf einem kleinen Hügel, versteckt unter einer Baumgruppe. Kniehohe Steine, angeordnet in einem Rechteck, umgeben den Ort wie eine Bannmeile. Ganz in der Nähe, abseits der Straße, steht das **nächste Grab** 2: Eine junge Eiche drückt gegen die Steinkonstruktion. Sie hat die Deckplatte im Wachsen verschoben. Das **dritte Hünengrab** 3 direkt dahinter wird von ca. 1,5 m hohen Wächtersteinen flankiert. Unter den Bäumen verläuft der schmale Pfad bis zu einem ausladenden Busch. Eingesunken in den Boden steht hier der **Dolmen Nr. 4** 4. Die geborstene Deckplatte gibt den Blick frei auf das Innere der Totenstätte. Gut zu erkennen ist ihre Aufteilung: Kleine Platten aus demselben Material teilen den Raum in einzelne Quartiere. Hier haben Forscher Knochen von verschiedenen Menschen gefunden.

Rügens Hünengräber: Quelle der Inspiration für Sagen und Mythen

Rohstofflager

Aus dem Gebüsch blickt man nicht weit davon auf eine alte pommersche Landstraße, an der eine große Birke steht. Sie wirft ihren Schatten auf das **nächste Steingrab** 5. Die Kopfsteinpflasterstraße verweist auf das Schicksal vieler Grabstätten aus der Vorzeit: Zwischen 1825 und 1875 wurden zahlreiche Hünengräber zerstört und ihre Steine für den Straßenbau benutzt.

Jenseits der Straße befindet sich ein verschlossenes **Grab** als Hügel unter einer **Baumgruppe** 6. Das **Grab Nr. 7** 7 liegt dagegen offen unter einer Kiefer.

HINKOMMEN

Auf der B 196 von Bergen Richtung Sellin steht kurz vor Lancken-Granitz ein Wegkreuz nach Blieschow. Hier nach rechts abbiegen und der Straße Bäckertrift einige 100 m nach Süden folgen. Rechter Hand an einer Wiese steht ein Hinweisschild, von dem aus ein etwa 500 m langer Pfad an den Grabanlagen vorbeiführt.

WANDERUNG MIT DEM EXPERTEN

Wenn die Steine sprechen: Wanderung zu den Hünengräbern mit Infos zu Natur, Steinzeitrelikten sowie Sagen der Region in Begleitung von René Geyer, (April–Sept. Mi 10 Uhr, im Winter nur nach Voranmeldung, ca. 2,5 Std.), Treffpunkt: Kleinbahn-Haltestelle Garftitz in Blieschow, bei Lancken-Granitz, T 0173 989 80 31, www.naturgeyer.de, Erw. 9 €, Familien 18 €

Faltplan: G 7

bis spät. Der etwas steile Aufstieg den Hügel hinauf wird mit einem weiten Blick über die Landschaft belohnt. Von Moritzdorf führt ein Wanderweg über die Hügel der Halbinsel nach Seedorf (▸ S. 51). Wer sich vorher noch stärken möchte, der sollte am Baaber Bollwerk vorbeischauen und beim Fischkutter »Lütt Matten« ein Heringsbrötchen mitnehmen (▸ S. 55).

Durch Wald und Baaber Heide

Mit anderen laufen
Tempo und Strecke variieren nach Teilnehmerkreis (Anfang Juni–Ende Sept., Treffpunkt am Haus des Gastes, Di 18, Do 7.30 Uhr). Sept.: **Baaber Heidelauf** mit Strecken von 2, 10 und 15 km, www.baabe.de/baabe-erleben/aktivurlaub/laufen.

FÜR TIERFREUNDE

Robben gucken mit Profis:
Ein Biologe informiert über das Leben der Robben, die Teilnehmer können am Monitoring teilnehmen und die Tiere zählen. Die Daten werden dem Bundesamt für Naturschutz zur Verfügung gestellt. Ab Baaber Bollwerk, Voranmeldung erbeten, T 03831 268 10, www.weisse-flotte.de, Mitte Mai–Ende Okt. (s. Website), 2,5 Std., Erw. 23 €, Kinder bis 14 Jahre 14 €.

Infos

Kurverwaltung Ostseebad Baabe:
Am Kurpark 9, T 038303 14 20, www.baabe.de, in der Saison Mo–Fr 9–18, Sa/So 10–12 Uhr Uhr. Baabe ist die erste ausgewiesene allergikerfreundliche Gemeinde Deutschlands und Europas, Informationen unter www.allergikerfreundliche-gemeinde.de.

Göhren H 8

Das östlichste der Rügener Seebäder wartet gleich mit zwei Stränden auf. Das kleine, aber feine Seebad Göhren liegt auf einer von Wald umgebenen Anhöhe, dem Nordperd. Die hoch gelegene Landzunge ragt weit in die Ostsee hinein und trennt den belebten Nordstrand mit Seebrücke, Promenade und Kurpark vom Südstrand, ein Naturstrand mit flachen Steinen im Wasser, wo auch im Hochsommer beschauliche Ruhe herrscht.

Als das kleine Fischerdorf 1899 an die Rügensche Kleinbahn angeschlossen wurde, entwickelte es sich bald zu einem beliebten Badeort. Weiße Bädervillen ziehen sich an der Post-, der Strand- und der Thiessower Straße den Hügel hinauf.

Vom Leben der Fischer und Bauern

Allein vier Museen gibt es in Göhren – und die lebendige Museumslandschaft der Region entwickelt sich immer weiter (aktuelle Infos unter www.ruegen-museen.de): Das **Heimatmuseum** (Strandstr. 1) hat einen neuen Anbau bekommen, wo nun die Mönchguter Trachten zu sehen sind. Das Haupthaus wird zurzeit noch renoviert und voraussichtlich 2023 wiedereröffnet. Ein Besuch lohnt sich: Das Ausstellungskonzept wird komplett überarbeitet und um digitale und interaktive Elemente erweitert.
Der **Mönchguter Museumshof** (Strandstr. 4) ist zurzeit ebenfalls geschlossen, ein neues Nutzungskonzept in Planung. So lange kann der Bauernhof mit Wohnhaus, Stallscheune, Wagenschuppen und Schweinestall leider nicht besichtigt werden.
Wie lebten die Menschen hier, bevor die Touristen kamen? Einen Einblick in ihren entbehrungsreichen Alltag gibt ein Besuch im **Rookhus** (Thiessowerstr. 7, Wiedereröffnung voraussichtlich 2023). Das Rauchhaus wurde um 1720 erbaut und entzückt mit einem süßen Barockgarten. Dafür fehlt der Schornstein: Der Rauch zog von der offenen Herdstelle einfach nach draußen.
Das **Museumsschiff Luise** liegt aufgebockt am Südstrand 1a. Der Küstenfrachter von 1906 war bis in die

So sieht pures Große-Ferien-Glück aus …

1960er-Jahre auf Rügens Gewässern unterwegs.

Lieblingsplatz

Einer meiner Lieblingsplätze ist die Bank auf dem Kirchhügel im Abendlicht. Von hier hat man einen schönen Blick über die weite Boddenlandschaft. Nahebei liegt das **Hügelgrab Speckbusch** aus der Bronzezeit. Die **Kirche** wurde 1930 eingeweiht. Interessant: die Kreuzigungsgruppe mit Maria und Johannes in Mönchguter Fischertracht auf dem Altar.

SCHLEMMEN, SHOPPEN, SCHLAFEN

In fremden Betten

Mehr Meerblick
Inselhotel Rügen
Das Haus liegt ruhig in einer Sackgasse und strandnah am Hochufer, direkt am Naturschutzgebiet Nordperd. Mit Sauna, geeignet für Fastengruppen.
Wilhelmstr. 6, T 038308 55 50, www.inselhotel-ruegen.de, DZ mit Frühstücksbufett 70–140 €

Sympathischer Klassiker
Hotel Stranddistel
Am Ende der Waldpromenade liegt das Traditionshaus mit Wellnessbereich im Keller und Wintergarten auf der Dachterrasse. Tipp: die Fastenwanderwoche.
Katharinenstr. 9, T 038308 54 50, www.ruegen-hotel-stranddistel.de, DZ inkl. Frühstücksbuffet ab 80 €

Robinsons Traum
Strandhaus 1
13 Zimmer in freundlicher kleiner Pension mit Frühstücksbuffet, wunderschöne Terrasse mit Meerblick direkt am Strand, auch 3- bis 4-Bettzimmer. Kneipe/Restaurant, gelegentlich mit Livemusik.
Nordstrand 1, T 038308 250 97, www.strandhaus1.de, DZ ab 80 €

Satt & glücklich

Gut und günstig
Fischklause
Göhrens Geheimtipp liegt etwas versteckt zwischen zwei Wohnhäusern, hier gibt es feine leckere Fischgerichte zu fairen Preisen, z. B. Zanderfilet im Nudelnest mit Melisse-Sahne-Sauce. Unbedingt vorher reservieren – die wenigen Tische sind schnell besetzt.
Strandstr. 14, T 038308 256 21, www.haus-karlsruhe.de, Ostern–Ende Okt. und in den Weihnachtsferien Di–So 17–22 Uhr, 10–20 €

Eine Frau setzte sich leidenschaftlich dafür ein, dass wir heute noch so viel über den Alltag der Mönchguter Fischer und Bauern wissen: Ruth Bahls, Kapitänstochter und Lehrerin, kämpfte hartnäckig bis zur Dickköpfigkeit dafür, dass die Geschichte(n) der einfachen Menschen in der Region bewahrt wurden. Ihr verdankt das Mönchgut immerhin zehn kleine Museen. Nachzulesen im Buch von Gabriela Risch: **Ruth Bahls. Versuch einer Annäherung.** Erhältlich in den Kurverwaltungen und Buchläden von Göhren und Middelhagen.

Chillen in der Strandbar
Café/Restaurant Übersee

Weine, Cocktails, kleine Gerichte und gute Musik auf einer großen Terrasse direkt am Strand. Wer will da noch in die Südsee fliegen?

Strandpromenade, T 038308 669 99, Mai–Okt. 11–18, Juni–Aug. bis 21 Uhr, kleine Gerichte ab 6 €

 Stöbern & entdecken

Kräuter-Manufaktur
Villa mit Sonnenhof

Im Laden verkauft Rügens Starkoch Peter Knobloch seine beliebten Kräutersalze und köstliche Marmeladen. Auch Senfe, Chutneys und Essige gibt es, alle mit einem Aroma aus Wald und Garten – und alle in Handarbeit hergestellt.

Friedrichstr. 8, T 038308 340 94, www.villa-mit-sonnenhof.de, Do, Fr 10–17 Uhr, Fei geschl.

 Wenn die Nacht beginnt

Südsee-Feeling an der Ostsee
Globetrotter

Exotische Drinks und der freundliche Service helfen gut gegen Fernweh.

Katharinenstr. 5, T 038308 254 14, www.globetrotterbar.de, Di–So 19–23.30 Uhr, Winteröffnungszeiten über die Website

 Sport & Aktivitäten

Ferienspaß
Toll ist das umfangreiche **Sommerprogramm der Kurverwaltung Göhren:** in Kooperation mit dem Erlebnisanbieter Discover Rügen (www.discover-ruegen.org) z. B. Yoga am Strand, Bogenschießen, Schnupper-Kiten, eine Kajak-Tagestour oder Exkursionen als Urlaubs-Ranger mit Biologen. Das mit Kurkarte vielfach kostenlose Programm ist im »Aktiv Planer« aufgeführt. Die Broschüre gibt es in der Kurverwaltung (▸ u.), dort kann man sich auch für die Kurse anmelden.

Und .... Abschlag
Abenteuer Dünengolf

Liebevoll gestaltet ist dieser Minigolf-Parcours. Der Fischer und seine Frau oder überlebensgroße Wikinger überragen die maritime Anlage mit ihren zwei Bahnen.

Am Nordstrand links der Seebrücke, www.golf-goehren.de, in der Saison tgl. 11–20 Uhr, Erw. 10 € (bis 15 J. 8 €) für beide Bahnen

Wanderlust
Hochuferwanderung

Eine fantastische Aussicht auf die Ostsee bietet der Hochuferweg zur Nordperdspitze, ab Wilhelmstraße beim Inselhotel Rügen (▸ S. 59), später kann man zum Strand hinuntersteigen. Zurück geht's über den Nordstrand oder als Rundweg in Richtung Südstrand.

Retour mit dem Rasenden Roland
Spaziergang am Nordstrand

Auf der Promenade lässt es sich leicht bis nach Baabe oder Sellin spazieren. Zurück geht's mit dem Rasenden Roland.

INFOS

Kurverwaltung Ostseebad Göhren: Poststr. 9, T 038308 667 90, www.goehren-ruegen.de, Mai, Okt. Mo–Fr

9–18, Sa 10–15, Juni–Sept. Mo–Fr 9–19, Sa/So 10–18 Uhr. Öffentlicher Internetzugang in der Kurbibliothek.

Middelhagen H 8

Historisches Zentrum vom Mönchgut und der einzige Ort ohne direkten Zugang zum Wasser ist Middelhagen. Vielleicht gerade deshalb hat das 700 Jahre alte Dorf seinen ursprünglichen Charakter bewahrt.

In Sichtweite zur **Pfarrkirche** aus dem 15. Jh. steht das fast ebenso alte Gasthaus zur Linde, das selbst gebrautes Bier ausschenkt. Hier kehren schon seit 500 Jahren Einheimische und Reisende ein. Nebenan steht ein niederdeutsches **Hallenhaus,** das besichtigt werden kann, sowie das historische Schulhaus. Um den kleinen Dorfkern liegen Wiesen, Felder und Weiden.

Schwarze Pädagogik

Das alte **Schulhaus** von 1825 ist heute ein **Museum.** Bis 1962 wurden hier die vier Grundschulklassen in einem Raum gemeinsam unterrichtet. Besonders interessant sind die historischen Schulstunden. Sie laden jeden Mittwoch um 10 Uhr (im Juli/Aug. auch Di 10 Uhr) zur aktiven Begegnung mit der Pädagogik von damals ein. Dabei kommen auch Griffel und Schiefertafel zum Einsatz.

Dorfstr., T 038308 24 78, Ostern–Mai, Sept./Okt. Di–So 10–16, Mai–Aug. bis 17 Uhr, 3 €, Schüler 2 €, mit Schulstunde und Zeugnis: 7 €, Schüler 3 €

Hauseigene Brauerei

Hotel und Gasthof Zur Linde

In der ältesten Gastwirtschaft auf Rügen schmeckt das selbst gebraute Bier zu den Spezialitäten des Hauses, z. B. Zander in Sauerkrautkruste und Scholle auf heißen Stachelbeeren.

Dorfstr. 20, T 038308 55 40, www.zur-linde-ruegen.de, Mitte Febr.–Mitte Nov. (über den Jahreswechsel geöffnet), Vegetarisches und Pasta ab 9,60 €, Scholle 16,90 €, Zander 18,90 €

Gager G 8

Maritim und mit einer schönen Aussicht präsentiert sich am Fuß der Zicker Berge der Hafen von Gager. Von hier aus reicht der Blick über die Hagensche Wiek bis hinüber zum Reddevitzer Höft, einer schmalen Landzunge, die lang und dünn weit in den Bodden hineinragt (▸ S. 62).

Der Segler- und Sportboothafen hat Flair und bietet Platz für 80 Schiffe. Immer für einen Schnack zu haben sind Thomas und Florian Koldevitz, zwei der letzten Fischer auf Rügen, die ihren Fang direkt von ihrem Kutter »Seeadler« verkaufen – frischer geht nicht! Tipp: vorbestellen und küchenfertig abholen (Fischereibetrieb Koldevitz, Zum Höft 38, T 038308 301 62, mobil 0170 272 81 38, je nach Wetter März–Nov. tgl. 10–14 Uhr). Wer mehr über die beiden erfahren möchte, sollte sich das Buch »Seesucht« von Franz Bischof und Jan Kuchenbecker besorgen, das Porträts (fast) aller Ostseefischer enthält. Und wer nicht mehr weg will, mietet sich eines der Ferienhäuser im skandinavischen Stil am Hafen (ButjeButje oder TimeTe über www.paradies-ruegen.de). Ich liebe den Blick über den Bodden von der verglasten Terrasse der Pension Fröhlich, v. a. bei Sonnenuntergang (Zum Höft 33, T 038308 82 50, www.pensiongvfroehlich.de, DZ ab 60 €).

Thiessow H 9

Keine Bädervillen, dafür jede Menge frische Luft – Rügens südöstlichster Zipfel ist der Windsurf-Hotspot zwischen Ostsee und Greifswalder Bodden. Von drei Seiten vom Meer umgeben, geht es in dem kleinen Urlaubsort trotzdem beschaulich zu.

Den Blick schweifen lassen

Einen guten Überblick bekommt man bei einem Spaziergang über den 36 m hohen

Zwischen Himmel und Meer – **das Reddevitzer Höft**

Schmal wie eine Stricknadel ragt die Landzunge in den Rügischen Bodden hinein. Erst nah am Wasser, dann hoch über den Wellen verläuft über 5 km der ›Lange Wech‹: Rapsfelder, Ginster, wilde Rosen und eine fantastische Aussicht über Having und Hagensche Wiek begleiten mich.

Gemütliches **Alt Reddevitz** 1: Eine Handvoll Häuser und mehrere Ausflugslokale am Wasser warten ans Ufer der Bucht gekuschelt auf Gäste. Oberhalb des Ortes ziehen sich Weiden an einem Hang bis zum Rücken der Landzunge hinauf. Am höchsten Punkt thront die **Strandburg.** Hier, auf der Terrasse der **Hofbrennerei Zur Strandburg** 1, gibt es auch leckeren Kaffee.

Kurzweil auf dem ›Langen Wech‹

Und wieder bergab. Die Betonstraße verläuft zunächst am Boddenufer, Fahrradfahrer ziehen zügig vorbei. Am Weg stehen vereinzelte Ferienhäuser. Besonders malerisch liegt der **Hof Eschenschlag** 2 mit seinen Ferienwohnungen: An drei Seiten von Fachwerkhäusern umgeben, öffnet sich der mit Kopfstein gepflasterte Hof zum reetbestandenen Ufer hin. Im Sommer stehen hier Tische und Stühle, eine willkommene Rast für Spaziergänger. Ein Bauerngarten, ein kleiner Spielplatz und eine Eselwiese machen das Idyll komplett.

Weiter geht es, vom Ufer weg, bergan auf den Rücken der Landzunge vorbei an Feldern, Wiesen und niedrigen Kiefernwäldchen. Das Wasser der Hagenschen Wiek zur Linken und der Having zur Rechten glitzert in der Sonne, der Blick schweift weit über die Buchten und Hügel des Mönchguts, von den Zickerschen Bergen bis hin zum Granitzwald. Der Plattenweg führt bis zum **Höfthus** 3, von dem ehemaligen Dreiseitenhof mit Gaststube und Ferienwohnungen führt ein schmaler Pfad zur Höftspitze. Von dem **Aussichts-**

Helfende Hände werden bei der Apfelernte im **Naturparadies Teutenberg** 2 von Doris Teutenberg gern gesehen – einfach nachfragen.

Und immer schön am Bodden bleiben …

punkt 4 auf dem 6 m hohen Kliff geht der Blick bis zum Festland und zur Urwaldinsel Vilm.

Garten Eden ganz irdisch

Unbedingt lohnend ist auf dem Rückweg ein Halt im **Naturparadies Teutenberg** 2: Nahe der Mönchguter Hofbrennerei liegt fast vergessen ein 100-jähriger Apfelgarten. An dem sanft abfallenden Hang stehen Apfelbäume auf der ungemähten Wiese, über 30 000 m² bis hinunter zum Naturstrand. Ausgerüstet mit Apfelsaftflaschen von dem kleinen Hofladen beim Haus kann man in dem hohen Gras mit Blick aufs Wasser herrlich die Zeit verträumen.

Auf dem Rückweg Richtung Middelhagen führt die Straße dicht am Bodden vorbei, Auf der Terrasse von **Moccavino** 1 gibt es Torten, Weine, Kaffee und leckere Kleinigkeiten wie Putbuser Fischsuppe und Flammkuchen für alle, die sich hungrig und durstig gelaufen haben. Gratis ist der Blick in die Abendsonne.

IN DER ABENDSONNE

Moccavino 1: Alt Reddevitz Nr. 18 a, T 038308 663 36, www.moccavino.com, Do–Mo 11 Uhr–Sonnenuntergang

OBST – AUCH FLÜSSIG

Hofbrennerei Zur Strandburg 1: Alt Reddevitz 36, T 038308 341 05, www.stoertebeker-whisky.com, Hofladen Mo–Fr 10–16, Juni–Aug. bis 18 Uhr, Brennereiführung mit Whisky-Verkostung 20 €. Große Auswahl an Bränden, Gin, Whisky, Likören und Marmeladen.

Naturparadies Teutenberg 2: Alt Reddevitz 35, T 038308 24 19, www.natur-paradies.de, der Hofladen ist i. d. R. vormittags besetzt, Juli/Aug. durchgehend bis ca. 20 Uhr. Zu mieten sind einfache Ferienzimmer mit Aussicht.

Faltplan: G 8

Wer die Mönchguter Boddenlandschaft liebt, packt sie auch aufs reetgedeckte Haus – und setzt seinen Vorfahren ein liebevolles Denkmal.

Lotsenberg. Hier steht der nach historischem Vorbild errichtete und jederzeit zugängliche **Lotsenturm** (ursprünglich 1909, 11 m hoch). Die historische **Lotsenwache** ist April–Okt. 9–18 Uhr geöffnet. Ein schöner Aussichtspunkt auf dem Berg ist auch der **Kleine Königsstuhl.** Von hier aus hat man einen guten Blick auf die Brandung und die Wellenreiter. Der Weg von Thiessow bis nach **Klein Zicker** ist kurz. Hier ist die Straße wirklich zu Ende und es geht nur noch zu Fuß weiter: Ein Spaziergang auf den kleinen Hügel zeigt die Schönheit der Buchten und Boddengewässer.

Familiär

Hotel Godewind

Das Haus mit Sauna und Schwimmbad ist sympathisch im Landhausstil eingerichtet. Dazu gehört das Restaurant **Lotsenstube** mit Wintergarten und Blick auf Sonnenuntergang und Bodden.

De niege Wech 7, T 03838 34 20, www.godewind-thiessow.de, DZ mit Frühstück 90–138 €

Räucherfrisch

Imbiss am Bodden

Geräuchert wird am Trafohäuschen, neben frischem Räucherfisch gibt es kleine Gerichte. Ca. 50 Plätze im Freien direkt am Wasser, teilweise überdacht.

Dörpstrat 5, T 03838 83 51, Mai–Okt. tgl., Fischbrötchen 3 €, Pfannkuchen 1,50 €

Fisch gezopft

Mönchguter Fischerklause

Bei Anja Jelinski geht es bodenständig zu, nur heimische Produkte kommen auf den Tisch. Spezialität des Hauses ist der Hornfisch, der in Filetstreifen geschnitten und so grätenfrei zum Zopf geflochten wird.

Hauptstr. 48, T 038308 30 97, www.moenchguter-fischerklause.de, in der Saison 11.30–15, 18–21 Uhr, Kräutermatjes 2,50 €

Infos & Termine

Kurverwaltung Thiessow: Hauptstr. 36, T 038308 82 80, www.ostseebad-thiessow.de, Mai–Okt. Mo–Fr 9–15, Juni–Aug. bis 16, Nov.–April Mo–Fr 10–14 Uhr

Rügenmarkt: auf dem Hafengelände von Thiessow, Mai–Okt. Di, Do 10–16 Uhr, Parken 1 €. Auf dem Markt präsentieren sich rund 100 Kunsthandwerker und Bauern der Region mit ihren Produkten. Schön ist der Blick vom Hafen übers Wasser auf die Zicker Berge.

Zicker Berge 🕮 G/H 8

Wo es platt ist, mutieren kleine Erhebungen gerne mal zu großen. Trotz seiner nur 66 m bietet der Bakenberg in den ›Zicker Alpen‹ einen tollen Blick auf die Mönchguter Boddenlandschaft: über die Kaming nach Klein Zicker auf der einen Seite und über die Hagensche Wiek zum Reddevitzer Höft (▸ S. 62) auf der anderen Seite.

Keine Bäume, sondern Gräser, Sträucher und Blumen bestimmen hier das Landschaftsbild – Trockenrasen heißt die Vegetationsform, die unter Schutz steht. Besonders im Frühjahr und Frühsommer zeigt sich bei einer Wanderung von Groß Zicker nach Gager (ca. 8 km) die Farbenpracht der Blütenpflanzen, die nur wenig später im Hochsommer verdorren.

Groß Zicker 🕮 H 8/9

Ob Groß Zicker wirklich das hübscheste Dorf auf Rügen ist, mag jeder selbst entscheiden. Häuser und alte Scheunen sind jedenfalls liebevoll instand gesetzt.

Am Ortseingang steht zwischen großen Bäumen die alte Dorfkirche, von dem kleinen Friedhof kann man direkt auf den Bodden schauen.

So lebten die Pfarrwitwen

Die Attraktion des Ortes und ein beliebtes Fotomotiv ist das **Pfarrwitwenhaus** mit dem im Sommer verschwenderisch blühenden Bauerngarten. Das um 1720 erbaute niederdeutsche Hallenhaus gehört zu den ältesten Gebäuden auf Rügen. Es war eine frühe soziale Einrichtung: Den nach dem Tod des Pfarrers mittellosen Witwen bot es eine Unterkunft und alles zum Leben Notwendige. Charakteristisch ist das reetgedeckte Spitzdach, der Zuckerhut, getragen von einem Innengerüst aus zwei Ständerreihen. Pfarrwitwen bewohnten das Haus bis 1810, danach war es bis 1984 regulär vermietet. Heute wird das Museum auch als Galerie genutzt.

Boddenstr. 35, T 038308 82 48 (Pfarramt), www.kirche-auf-moenchgut.de, Juni, Sept., Okt. Mo–Fr 11–16, Sa/So 13–16, Juli, Aug. Mo–Fr 10–17, Sa/So 13–17 Uhr, Erw. 2,20 €

Solo in schöner Natur

Taun Hövt Apartments u. Restaurant
Traumhaft allein am Fuß der Zicker Berge mit Boddenblick gelegen. Im **Restaurant** wird Fisch großgeschrieben: ob gebraten, gekocht, mariniert oder geräuchert – vor allem aber frisch.

Boddenstr. 61, T 03 83 08 54 20, www.taunhoevt.de, 9 Apartments à 4 Gäste 100–150 €/Tag, in der Hauptsaison nur wochenweise, Endreinigung 60 €, Frühstück im Restaurant 8,50 €, Restaurant zurzeit geschlossen

Kostenlos geführt

Wanderung über den Bakenberg
3,5-stündige Tour, bei der man über die Zicker Berge bis zum Nonnenloch und wieder zurück läuft. Hinweis: Die Tour lässt sich auch auf eigene Faust unternehmen, und zwar mit dem Audio-Guide des Biosphärenreservats. Nötig dafür ist die IZI-Travel-App für iOS oder Android.

Amt für das Biosphärenreservat Südost-Rügen, Treffpunkt: Parkplatz an der Kirche Groß Zicker, T 038303 88 50, www.biosphaerenreservat-suedostruegen.de, Mai–Okt. Mi 10.15 Uhr

KURZWEILIGE KRÄUTERKUNDE

Seltene Pflanzen und Omis Rezepte sowie Wissenswertes über Land und Leute sind sein Thema: Die Kräuterwanderungen mit **René Geyer** sind anschaulich und kurzweilig, auch für Kinder. Treffpunkt ist am Ende der Boddenstraße in Groß Zicker am Schlagbaum hinter dem Hotel Taun Hövt, T 0173 989 80 31, www.naturgeyer.de, April–Sept. Mo, Do, Fr 10, Sa 13 Uhr, Erw. 9 €, Kinder (6–14 J.) 3 €, Familien 18 €.

Jasmund und Wittow

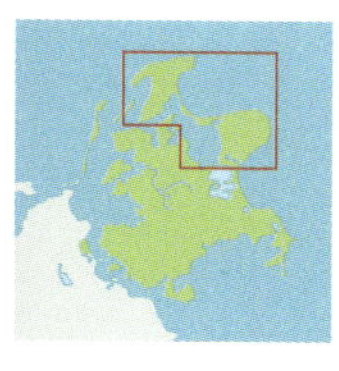

Die von Buchen gekrönte Kreideküste bei Sassnitz und das Kap Arkona sind die klingenden Highlights von Rügen. Ja und nochmal ja – nicht nur für Naturfreunde ist der Nationalpark auf der Halbinsel Jasmund ein Muss. Nur über eine schmale Landbrücke gelangt man vom Königsstuhl gen Norden zur windumtosten Halbinsel Wittow. Hier thront am Kap ein Flächendenkmal. Die Besucher kommen in Scharen – ob nun wegen der Leuchttürme, dem Marineführungsbunker oder dem Dörfchen Vitt. Wenige Schaulustige verirren sich dagegen in die malerischen Orte Sagard, Altenkirchen oder Wiek – vielleicht ein Glück.

Sassnitz G 5

Verwinkelte Gassen und elegante weiße Bädervillen, die sich an die steilen Hänge schmiegen, und jede Menge Meerblick. Als Sassnitz im Jahr 1906 mit dem oberhalb der Steilküste gelegenen Bauerndorf Crampas zur Gemeinde Sassnitz verbunden wurde, hatte das ehemalige Fischerdorf seine erste Karriere als aufstrebender Urlaubsort schon fast wieder hinter sich. Reisende, die noch vor Kurzem das romantische Naturerlebnis in den nahen Buchenwäldern der Stubnitz gesucht hatten, zog es nun in die Seebäder Binz und Sellin.

In Sassnitz fehlte der Strand für das erstmals in Mode gekommene Badevergnügen. Immer wichtiger wurde daher der Hafen: 1889 begannen die Bauarbeiten für den Bau der Hafenmole, die 1912 als längste Europas fertiggestellt wurde. Fast 1,5 km ragt sie in die Ostsee hinaus. Die Fährverbindung nach Schweden und der Anschluss ans Schienennetz machten die Stadt um die vergangene Jahrhundertwende zu einem wichtigen Verkehrsknotenpunkt im Ostseeraum.

WAS TUN IN SASSNITZ?

Lost in den Altstadtgässchen

Klar, im Hafen schlägt das Herz des Städtchens (▸ 1 – 5, S. 70), doch nach einer Stippvisite auf der **Seebrücke** lockt auch ein Bummel durch die zahlreichen steilen Straßen und Gassen am Hang – sogar der **Marktplatz** 6 hat eine ziemliche Schräglage … Manche weiß herausgeputzte Bädervilla überrascht mit einem kleinen sonnigen Garten mit Meerblick.

Muschel(n) im Park

Geht es hier überhaupt weiter? Fragt man sich bei einem Spaziergang am steinigen Ufer, nachdem die Seebrücke schon länger passiert ist. Doch halt! Im kleinen **Kurpark** am Ende der Hafenpromenade in Richtung Nationalpark steht eine weitere Betonperle des Binzer Architekten Ulrich Müther: Der **Musikpavillon** 7 von 1986/87 ist mit seiner Wellenform eine Kurmuschel im wahrsten Sinne – leider finden hier viel zu selten Konzerte und Veranstaltungen statt.

SCHLEMMEN, SHOPPEN, SCHLAFEN

In fremden Betten

Mit Weitsicht

Rügen-Hotel 1

Das klassisch-moderne Hotel am zentralen Rügenplatz überzeugt mit seiner Aussicht von den seeseitigen Balkons hoch über dem Hafen. Inkl. Schwimmbadbenutzung und Frühstücksbuffet, ▸ auch S. 71.

Seestr. 1, T 038392 531 00, www.ruegen-hotel.de, DZ Seeseite 80–115 €

Klein und fein

Villa Maria 2

Die charmante Bädervilla von 1880 in der Altstadt lädt mit verglasten Balkonen und Blick bis hin zum Meer zum Wohlfühlen ein. Die 10 Ferienwohnungen/Apartments mit Küche sind freundlich hell und individuell eingerichtet.

Rosenstr. 6, T 038392 229 55, www.villamaria-ruegen.de, in der Saison 87–95 € pro Nacht für zwei Personen

Satt & glücklich

Nordisch genießen

König Gustav 1

Skandinavische und spanische Küche lässt sich hier in rustikal-gemütlichem Ambiente genießen. Spezialitäten des Hauses sind die Kalbsleber und die Paella.

Hauptstr. 10 a, T 038392 223 59, www.koenig-gustav.de, Do–Di 17–21 Uhr, Gerichte ab 10 €

SASSNITZ

Sehenswert
1 Rügenplatz
2 Fußgängerbrücke
3 Fischerei- und Hafenmuseum
4 U-Boot H. M. S. Otus
5 Alter Fährterminal
6 Marktplatz
7 Musikpavillon

In fremden Betten
1 Rügen-Hotel
2 Villa Maria

Satt & glücklich
1 König Gustav
2 Café Peters
3 Café Gumpfer

Stöbern & entdecken
1 Inselseifen

Mit Hafenblick
Café Peters 2
Der alte Hafenbahnhof hat ein zweites Leben: mit einer großen Terrasse als Chill-out-Zone, nach dem guten Frühstück bleibe ich einfach sitzen, wenns kalt wird, auch gern drinnen am Kamin …
Hafenstr. 12 c, T 038392 63 28 74, www.baeckerei-peters.de, tgl. 9–18 Uhr

Tortenschlacht
Café Gumpfer 3
▶ S. 71

Stöbern & entdecken

Dufte Sache
Inselseifen 1
Die Seifensiederin Anke Brüdgam verkauft handgemachte Seife, in der Schauwerkstatt lässt sie sich dabei auch gern zusehen. Ein wunderbares Mitbringsel sind ihre Badesalze, Heilkreideprodukte oder Kuscheliges für Hals und Ohren.
Hauptstr. 10, T 038392 67 55 00, www.inselseifen.de, Mo–Fr 10–18, Sa 10–16 Uhr

Sport & Aktivitäten

Bootstouren zu den Kreidefelsen
In der Saison fahren bis zu sieben Schiffe vom Stadthafen Sassnitz entlang der Kreideküste zum Königsstuhl (Infos: www.insassnitz.de/touristinfos/freizeit-tipps-sassnitz.html). Die **MS Alexander** ist barrierefrei ausgebaut. Infos zu Anbietern und Abfahrtszeiten gibt es bei den Reedereien und beim Tourist-Service Sassnitz in der Information im Molenfußgebäude, Strandpromenade 12, T 038392 64 90, www.insassnitz.de, Abfahrtszeiten z. B. 10, 12, 14 Uhr.

Von Seebrücke zu Seebrücke
Mehrmals täglich pendeln die **Adlerschiffe** (T 04651 98 70 08 88, www.adler-schiffe.de) ab Stadthafen Sassnitz nach Binz, Sellin und Göhren, Tickets im

Von Fischern, Kuttern und Touristen – **der Hafen von Sassnitz**

Geschäftiges Treiben an der Mole und verträumte Gassen, die sich über Treppchen und kleine Plätze vom Meer die Steilküste hinaufschlängeln. Sassnitz überzeugt mit Hafenflair und in der malerischen Altstadt am Hang mit fast mediterranem Charme.

Das Herz von Sassnitz schlägt im Hafen: Heute sind es die unvermeidlichen Ausflugsschiffe zu den Kreidefelsen, die an der langen Mole des schönen Städtchens für Trubel sorgen. Doch nach dem Zweiten Weltkrieg war mit dem Aufbau eines Fischkombinats die Fischerei noch vor dem Kreideabbau und -handel der wichtigste Wirtschaftszweig der Stadt.

Schiffe im Ruhestand

Wie lief eigentlich der Alltag auf einem Fischkutter ab? Wer das wissen will, startet am **Rügenplatz** 1 und überwindet die 80 m Höhenunterschied vom oberen Teil der Stadt bis zur Wasserkante bequem über die moderne **Fußgängerbrücke** 2. Im **Fischerei- und Hafenmuseum** 3 erzählt dann z. B. Herr Plaep von seinen Jahren als Maschinenassistent auf der **›Havel‹**. Heute ist sie das größte Exponat und liegt als **Museumsschiff** im Sassnitzer Hafen. Das Museum zeigt die Entwicklung der genossenschaftlichen Fischerei von den 1920er-Jahren bis 1990 sowie die Geschichte des Fährverkehrs nach Schweden. Ehemalige Seeleute führen halbstündlich durch die Kombüse, die Kammern und den Maschinenraum der ›Havel‹ und geben gern Auskunft über den Alltag auf dem Meer.

Besuchermagnet im Hafenbecken ist auch das britische **U-Boot H. M. S. Otus** 4. Im Dienst der Royal Navy war das 90 m lange Unterseeboot der Oberon-Klasse (1963) mit 68 Mann Besatzung vor den Falkland-Inseln und im Persischen Golf im Einsatz.

Das Sorrent des Nordens oder geschäftiges Hafenstädtchen? Sassnitz ist beides. Seinen Aufstieg zur beliebten Sommerfrische im 19. Jh. hatte das Fischerdörfchen zahlreichen berühmten Besuchern zu verdanken: Der Berliner Theologe **Friedrich Schleiermacher** kam 1824 als einer der ersten, um hier mit seiner Familie den Sommer zu verbringen. **Johannes Brahms** komponierte hier 1876 den letzten Satz seiner 1. Sinfonie c-Moll. **Theodor Fontane** ließ sich 1895 von der pittoresken Altstadt inspirieren und verwendete seine Rügen-Impressionen in dem Roman »Effi Briest«.

Fischbrötchen oder Fahrten zu den Kreidefelsen? Das ist hier die Frage. Manch ein Küstenfischer ist inzwischen ins Tourismus-Fach gewechselt …

Eine Seefahrt, die ist lustig

Der wirtschaftliche Aufschwung für die Stadt begann mit der Schiffslinie Settin–Sassnitz–Bornholm, die Sassnitz 1878 zum Brückenkopf nach Schweden machte. Von 1897 bis 1998 startete in Sassnitz die Königslinie – die Postdampferlinie nach Trelleborg. Heute legen die Fähren im nahe gelegenen Neu Mukran ab.

Ein schöner Blick auf den Hafen und den zurzeit ungenutzten **alten Fährterminal** 5 bietet sich aus luftiger Höhe vom Ausgangspunkt, dem **Rügenplatz** 1, mit dem markanten **Rügen-Hotel** 1 und dessen **Café** im 9. Stock.

INFOS/ÖFFNUNGSZEITEN

Fischerei- und Hafenmuseum 3**:** im Stadthafen, T 038392 578 46, www.hafenmuseum.de, 1. April–31. Okt. tgl. 10–18 (Museumsschiff Havel Mo geschl., sonst 11–16 Uhr, Eintritt mit Führung Erw. 3 €), im Winter kürzer, Erw. 5 €

U-Boot H. M. S. Otus 4**:** im Stadthafen, T 038392 315 16, www.hms-otus.com, Mai–Okt. tgl. 10–18, Nov.–April 10–16 Uhr, Dez./Jan. nur Sa/So, in den Weihnachtsferien tgl., Erw. 8,50 €, Kinder 5 €, Familien (2 Erw., 1 Kind) 19 €

FISCHBRÖTCHEN & CO.

Am **Hafen** gibt es überall die obligatorischen Fischbrötchen.

Die leckersten Torten und die schönste Aussicht genieße ich in Sassnitz im **Café Gumpfer** 3 (Strandpromenade 13, T 038392 64 98 88, www.gumpfer.de, Do–Di 9–18 Uhr) im Pavillon mit Sonnenterrasse direkt am Fuß der Hafenmole: zur Linken der Hafen, rechter Hand die Altstadt und geradeaus das Meer. Glücklich ist, wer hier ein ruhiges Plätzchen ergattert hat …

Faltplan: G 5

VON DER SONNE GEKÜSST

Für eine gute Sicht auf die Kreidefelsen empfiehlt sich eine morgendliche Bootstour, die Küstenlinie liegt dann in der Sonne.

Tourist-Service an der Mole, einfache Fahrt Erw. 8,50 €, Kinder 5,50 €, Fahrrad 8 €. Außerdem Fahrten zur Kreideküste.

INFOS & TERMINE

Tourist-Service Sassnitz: Geschäftsstelle & Shop, Strandpromenade 12 (am Fuß der Mole), T 038392 66 90, Mo–Fr 9–18, Sa/So 10–17 Uhr
Hafentage: erste Juli-Woche. Karussells und Buden im Stadthafen.
Vollmondfest: Aug. in der Altstadt von Sassnitz. Mit Musik und Lesungen kann man bei einem Streifzug durch offene Gärten und Werkstätten den Mond über dem Meer aufgehen sehen.

VON HAGEN IN DEN NATIONALPARK JASMUND

Von Sassnitz führt eine gut ausgebaute Straße durch das Naturschutzgebiet bis nach **Hagen** (🕮 G 4). Wer das **Nationalparkzentrum** besuchen und den nördlichen Teil der **Stubnitz** erkunden möchte, findet in Hagen einen großen gebührenpflichtigen Parkplatz für Pkw und Stellplätze für Wohnmobile. Kleine Restaurants, Pensionen und Galerien laden zu einem Zwischenstopp ein. Rügens Highlight ist der Nationalpark mit den berühmten Kreidefelsen. Schöne Wanderwege führen unter Buchen zu herrlichen Aussichtspunkten (▶ S. 74).

Lohme 🕮 G 4

Hoch über dem Meer schmiegen sich in Lohme kleine Hotels an die Steilküste des 1855 als Seebad anerkannten Ortes, der am Rand des Nationalparks und abseits der Touristenströme liegt. Von hier führt ein Hochuferweg unter Bäumen bis zum Königsstuhl und weiter bis nach Sassnitz.

Für ihren herrlichen Blick auf den Sonnenuntergang über dem Kap Arkona bekannt ist die Terrasse des **Panorama Hotels Lohme.** Zu dem pittoresken Ensemble gehört auch ein kleiner Jachthafen mit dem einladenden **Café Niedlich.**

Super Sicht
Panorama Hotel Lohme
Das Restaurant mit der einladenden Veranda bietet exzellente Küche (mediterrane Gerichte sowie Fisch und Lamm aus der Region). Theodor Fontane fühlte sich hier an Sorrent erinnert, die malerische italienische Hafenstadt.
An der Steilküste 8, T 038302 91 10, www.lohme.com, Restaurant 12–21, im Winter ab 17 Uhr, Gerichte 14–24 €, DZ mit Frühstücksbuffet 109–180 €

Alles handgemacht
Rügener Spezialitätenmanufaktur
Auf dem Weg von Lohme nach Glowe lädt in Baldereck ein kleiner grüner Lieferwagen mit der Aufschrift ›Rügener Spezialitätenmanufaktur‹ und einem Logo aus zwei gekreuzten Gummistiefeln zu einem Abstecher ein. Über einen Feldweg geht es zum Haus der Familie Sorge und ihrem Lädchen, das in einer offenen Schauküche eingerichtet wurde. Ob Marmelade, Pesto, Löwenzahnblütengelee, Kuchen oder Vollkornbrot (dem Teig kann man beim Gehen zuschauen): Hier schmeckt einfach alles!
Baldereck 9, Glowe, T 038302 534 48, www.hof-baldereck.de, Mo–Sa 10–18 Uhr, im Winter nur Fr, Sa, Vorbestellung empfohlen

Infos
Touristik-Info Haus Linde: Touristik Lohme GmbH, Arkonastr. 31, T 038302 888 55, www.lohme.de, April–Okt. Mo–Fr 10–12, 15–17, Sa 10–12, Nov.–März Mo–Sa 10–12 Uhr

Liebevoll zubereitet und mit Genuss auf der Nostalgie-Veranda des Panorama Hotels Lohme verspeist

Sagard 🕮 F 4/5

Baden kann man hier nicht mehr, im ältesten Bad Rügens, das fern der Küste liegt. Bereits 1750 war das Städtchen für seine heilenden Quellen bekannt.

Im Jahr 1795 öffnete die Brunnen-, Bade- und Vergnügungsanstalt – initiiert vom Sagarder Pfarrer Heinrich Christoph von Willich und seinem Stiefbruder, dem Arzt Moritz Ulrich von Willich. Letzterer leitete die medizinische Behandlung der Kurgäste mit dem mineralhaltigen Quellwasser. Im **Pfarrhaus** gibt's dazu eine kleine Ausstellung.

Kleiner Ortsrundgang

Links und rechts der Kopfsteinpflasterstraßen stehen klassizistische **Stadthäuser** Spalier. Sie sind schön, jedoch nicht die Einzigen, die bewundert werden wollen. Der Marktplatz von Sagard liegt nämlich der mächtigen **Backsteinkirche St. Michael** aus dem 13. Jh. zu Füßen. Sie hütet einen besonderen Schatz: 1796 baute der Stralsunder Orgelbauer Kindt hier eine zweigeschossige Orgel. Den Schlüssel zur Kirche gibt es bei Familie Lüpke am Apollonienmarkt 12.

Ein Park zum Verloben

Auf der ehemaligen Pfarrkoppel legten die Brüder Willich die **Parkanlage Brunnenaue** an, einen Kurpark mit Wegen, Ruhesitzen, Lauben und einem kleinen Kurhaus, dessen Wege sich nach Rekonstruktion wieder am Flusslauf entlangziehen. Der Philosoph und Theologe Friedrich Schleiermacher verlobte sich hier im Sommer 1808 mit Henriette von Willich.

Glowe 🕮 E 4

Schöner Sandstrand, kleiner Hafen, die Promenade und der Kurplatz: Glowe ist ein klassischer Badeort mit Surfschule, Tretbootverleih und Wasserski. Ein Plus für Aktive sind die malerischen Rad- und

RÜGENS WEISSES GOLD

Kreidemuseum in Gummanz

Eine Ausstellung am alten Kreidebruch informiert über Entstehung und Abbau der Kreide sowie zu den in der Kreide eingeschlossenen Fossilien. Interessant: der Dokumentarfilm aus den 1920er-Jahren über den Kreideabbau. Auf dem Museumsgelände stehen Gerätschaften, welche die Kreidegewinnung von 1855 bis 1962 anschaulich machen. Ein **Kreide- und Naturlehrpfad** führt hinter dem Museum bis zur Aussichtsplattform Kleiner Königsstuhl. Für die angeleiteten **Fossilien-Exkursionen** für Hobby-Archäologen sollte man sich unbedingt telefonisch oder online im Museum anmelden (🕮 F 4, Gummanz 3 a, außerh. von Sagard, Anfahrt über Bobbin und Neddesitz, T 028202 562 29, www.kreidemuseum.de, Ostern–Okt. tgl. 10–17, Nov.–Ostern Di–So 11–16 Uhr, Erw. 5 €, Familienkarte 12 €; Fossilien-Exkursionen: Mai–Okt. alle 14 Tage Sa 9–12/13 Uhr, Erw. 5 €, Kinder 3 €).

Diese Aussicht! – **Im Nationalpark Jasmund**

Weiß leuchtende Kreidefelsen, grüner Buchenwald und die türkis und dunkelblau schimmernde Ostsee – auf dem Hochuferweg von Sassnitz zum Königsstuhl kann es locker passieren, dass man den Speicherplatz seines Handys vollkriegt.

Die Schönheit der Kreideküste wurde mit ein paar Pinselstrichen besiegelt: Seit Caspar David Friedrich sein Gemälde »Die Kreidefelsen von Rügen« um 1818 vollendete, zieht es Naturfreunde und Romantiker an die Küste der Halbinsel Jasmund. Der Maler war so begeistert, dass er seinen Freund und Kollegen Carl Gustav Carus ebenfalls hierher beorderte. Auch diesem blieb wohl nichts anderes übrig, als sich vor jenem Stückchen Erde zu verbeugen: »Ich wollte Studien zeichnen, aber kaum hatte ich ein paar Striche gemacht, als ich die Mappe weit wegschleuderte in der Überzeugung, hier sei jeder Strich nur eine Lästerung dieses ganz überschwänglichen Phänomens.«

Stubnitz heißt die Waldlandshaft an der Ostküste der Halbinsel Jasmund, die sich von Sassnitz im Süden bis nach Lohme im Norden erstreckt. Sie liegt vollständig im Nationalpark. Das Gebiet wurde viele Jahrhunderte zum Holzschlagen genutzt. Als Maßnahme gegen unerwünschte Abholzung ließ schon 1551 der damalige Fürst die vier Zugänge in die Stubnitz mit Schlagbäumen sperren. An den Baumhäusern in Rusewase, Buddenhagen, Hagen und Schwierenz wachten sogenannte Waldgrafen. Als Rügen im Jahr 1815 zu Preußen kam, führten die neuen Machthaber eine geregelte Forstwirtschaft ein.

Helgoland liegt vor Rügen

Vielfältige Ein- und Aussichten bietet eine Wanderung auf dem Hochuferweg von Sassnitz zum Königsstuhl (9 km), vor ein paar Jahren ausgezeichnet als drittschönster Wanderweg Deutschlands (über 12,6 km bis nach Lohme). Hinter dem **Kurplatz** 1 beginnt ein Uferpfad. Eine Treppe führt etwas später hinab auf den Strand, vor dem im flachen Uferwasser der Uskam liegt, auch **Klein Helgoland** 2 genannt – er ist der sechstgrößte Findling auf Rügen, 110 t schwer. Von hier an muss man sich auf dem kiesigen Strand weiterkämpfen, aber die Sehenswürdigkeiten sind Belohnung genug: Zur Linken erhebt sich eine helle Steilwand, und von Sonne und Meer gebleichte, mächtige Baumstämme am steinigen Ufer lassen die Kraft des Meeres und der Winde ahnen, die hier auf die Küste einwirken. Nach ca. 15 Min. wird man durch eine Holztreppe erlöst und es geht hoch nach rechts in den Natio-

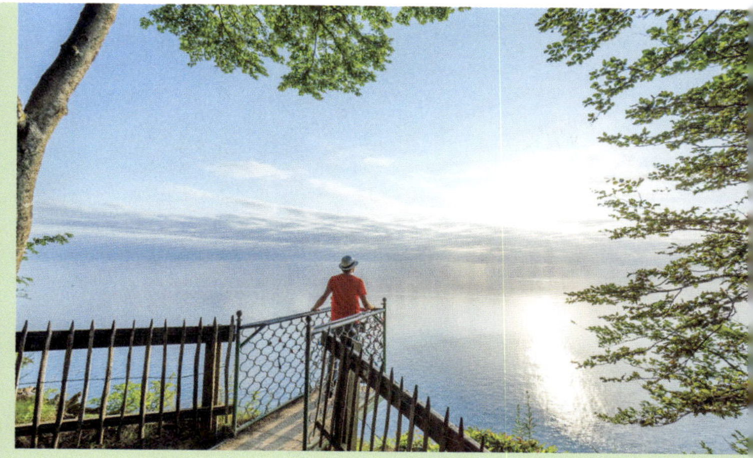

Majestätisch – tief Luft holen auf der Victoria-Plattform

nalpark hinein. Jetzt wird's etwas kühl, die Baumriesen, die hier stehen, erzeugen ein Mikroklima: Das größte zusammenhängende Buchenwaldgebiet an der Ostsee steht seit Oktober 1990 unter Schutz.

Viel Spaß bei der Schatzsuche

Unter den Bäumen geht es vorbei am Abstieg zur **Piratenschlucht** 3, hier soll der legendäre Störtebeker einst einen Schatz vergraben haben. Kurz danach führt eine Holztreppe über einen mächtigen mit Bäumen bewachsenen Wall. Das ist der **Hengst** 4 – Reste eines germanischen Burgwalls, einer der ältesten in Norddeutschland. Bohlenwege erleichtern das Laufen auf dem von Schluchten durchzogenen Pfad. Eine Treppe führt zum **Lenzer Bach** 5, Wasser rauscht über mächtige Findlinge hinweg, Reste eines alten Großsteingrabs. In den Bachtälern ist es deutlich feuchter und kühler, hier streben Eschen und Bergahorn zum Licht.

Immer in Bewegung

Selten versperrt Unterholz die Sicht auf die schlanken Baumstämme, die im Spiel von Licht und Schatten mal hell, mal dunkel schimmern. Hin und wieder raschelt es in dem von trockenen Blättern bedeckten Waldboden: vielleicht eine willkommene Beute für Fuchs, Iltis und Marder. Bald geht es treppab durch das **Wissower Bachtal**, der Regen hat hier tiefe Rinnen ins Gestein gewaschen. An

Mit 3000 ha ist der Nationalpark Jasmund der kleinste in Deutschland. Zu ihm gehören mit dem 161 m hohen **Piekberg** auch die höchste Erhebung Rügens sowie 2200 ha Wald, 603 ha Ostsee und 200 ha ehemalige Kreidebrüche, Wiesen und Moore. Buchen sind hier erst seit etwas über 1000 Jahren vorherrschend.

dieser Stelle standen die **Wissower Klinken** 6, doch große Teile der imposanten Felsformation sind 2005 abgebrochen und ins Meer gerutscht.

Die **Kreidehänge** entstanden vor 70 Mio. Jahren aus den Ablagerungen eines warmen Meeres, gebildet aus den kalkhaltigen Überresten dort lebender Pflanzen und Tiere. Das weiche Gestein ist durch die Kraft von Sonne, Wasser und Wind noch immer in Bewegung. Spaziergänger sollten daher aufpassen und nie zu nah an die brüchigen Hochuferkanten herantreten, um schwere Unfälle zu vermeiden! Nur wenig hinter dem Wissower Abbruch hat auf dem Gelände des ehemaligen Gasthauses Waldhalle 2017 das **UNESCO-Welterbeforum** 7 eröffnet. Von hier sind es rund 15 Min. bis zu einem der schönsten Aussichtspunkte der Tour: der **Ernst-Moritz-Arndt-Sicht** 8, benannt nach einem der berühmtesten Söhne Rügens (▶ S. 23).

Kronprinzessin auf Wanderschaft

Wo der Kieler auf den Brisnitzer Bach trifft, recken sich in der Schlucht Bäume hoch zum Licht, tote Stämme und Äste liegen talwärts an den steilen Hängen. Eine Holztreppe windet sich hinab und über den Bach. Lohnend ist hier ein Abstecher: Am **Zusammenfluss von Kieler und Brisnitzer Bach** 9 gibt es einen Abstieg bis hinunter zum Strand. Rund 7 m rauscht das Wasser neben der Treppe in die Tiefe. Am steinigen Ufer schauen kleine Findlinge aus dem flachen Wasser. Im Süden ragt der Tipper Ort ins Meer, nach Norden schaut man auf den **Kollicker Ort** 10.

Von hier ist es noch ein ganzes Stück bis zur Überquerung des Kollicker Bachs. Nachdem man endlich auf der anderen Seite ist, wird der Rucksack schon merklich schwerer, aber jetzt ist es nicht mehr weit bis zur **Victoria-Sicht** 11 – und Sie nähern sich dem Höhe- und Endpunkt der Wanderung. Die eiserne Aussichtskanzel wurde benannt nach der Kronprinzessin Victoria von Preußen, die 1865 mit König Wilhelm I. die Stubnitz besuchte. Von der Plattform geht der Blick 100 m in die Tiefe bis zum Meeresspiegel. Sie bietet eine hervorragende Sicht auf den 116 m hohen **Königsstuhl** 12. Bald soll dort der **Königsweg** eröffnet werden, eine barrierefreie schwebende Aussichtsplattform.

Solch ein ›Hühnergott‹ wehrt nach altem slawischem Volksglauben Unglück ab. Es ist ein dunkler Flintstein mit Löchern darin. Wer sucht, der findet ihn am Strand von Kollicker Ort.

Der **Königsstuhl** verdankt seinen Namen einer Sage: Wer die Steilwand vom Wasser aus bis nach oben erklimmen kann, soll Herrscher von Rügen werden. Selbst ausprobieren können Sie's leider nicht mehr: Die Treppe hinauf wurde aus Sicherheitsgründen abgerissen.

Häppchenweise Infos

Der Königsstuhl liegt auf dem Gelände des **Nationalparkzentrums** 13, die Aussichtsplattform ist nur mit Eintritt zu betreten. Im Nationalparkzentrum informiert die naturkundliche Ausstellung ›Erlebniswelt Kreideküste‹ auf 2000 m² anschaulich und kindgerecht über die Entstehung der Kreideküste und die verschiedenen Lebensräume im Nationalpark. Nach einem Besuch der 16 Räume geht es schnell und unkompliziert mit dem Bus zurück nach Sassnitz.

INFOS/ÖFFNUNGSZEITEN

UNESCO-Welterbeforum 7**:** Waldhalle 1, T 038392 64 97 60, www.welterbeforum.koenigsstuhl.com, April–Okt. tgl. 10–17, Nov.–März Fr–So 11–16 Uhr, mit öffentlichen Toiletten und Waldspielplatz. Ausstellung zum Lebensraum Buchenwald, eine Ergänzung zur Dauerausstellung am Königsstuhl; Tipp: die kostenlose App ›Buchenwälder‹ zum UNESCO-Welterbe. Mit Bistro.

Erlebniswelt Kreideküste/Nationalparkzentrum Königsstuhl 13**:** Stubbenkammer 2, Sassnitz, T 038392 66 17 40, www.koenigsstuhl.com, Ostern–Ende Okt. 9–18, Nov.–Ostern 10–17 Uhr, Erw. 10 €, Kinder 5 €, Familien 20 €, Ermäßigung bei Vorlage eines Bahntickets für die Anreise, Audioguides inkl. Es gibt verschiedene Touren: für Kinder, Romantiker etc., draußen Kletterparcours für Kids; Kurzführungen auf dem Außengelände April–Okt. 10–17 Uhr (im Winter kürzer) zur vollen Stunde, Treffpunkt an der Stele beim Kassenhäuschen.

Bus: Nr. 20 im Pendelverkehr vom Nationalparkzentrum nach Sassnitz und zurück, Nr. 19 ab Parkplatz Hagen, im Sommer bis ca. 20 Uhr

---

KOSTENLOSE FÜHRUNGEN

www.nationalpark-jasmund.de

Von Hagen zum Königsstuhl 1**:** Mai–Ende Okt. tgl. 11 Uhr (außer Do, dann 12.30 Uhr), ca. 2 Std., ab Parkplatz Hagen

Von Lohme zum Königsstuhl 2**:** Mai–Ende Okt. Mi 10.30 Uhr, ca. 2 Std., ab Lohme/Haus Linde

Von Sassnitz zu den Wissower Klinken 3**:** Mai–Ende Okt. So 11 Uhr, ca. 2 Std., ab Ortsende Sassnitz, Buswendeplatz Wedding

---

FÜR DEN KLEINEN HUNGER

Unterhalb der Bushaltestelle am Königsstuhl gibt es zahlreiche Imbissbuden.

Faltplan: F/G 4/5

Wanderwege durch die Schilf- und Boddenlandschaft bis nach Schloss Spyker. Nach Norden hin erstreckt sich die Schaabe – die schmale Nehrung ist zwischen Glowe und Juliusruh unbebaut. Nur eine Straße führt durch den zum Küstenschutz angepflanzten Kiefernwald.

Im 19. Jh. kam der Tourismus in das Fischerdorf Glowe, noch bis 1963 gab es hier nicht mehr als 250 Einwohner. Inzwischen hat sich einiges getan: 1994 öffnete die Mutter-Kind-Kurklinik am Königshörn ihre Pforten, auf der Anhöhe befindet sich auch ein Kurpark mit Spielplatz und weitläufiger Bienenwiese. Im Jahr 2000 wurde der Fischer- und Sportboothafen in Betrieb genommen, 2002 entstand der Kurplatz als zentraler Treffpunkt mit Buden und Strandkorbvermietung. Mehrere Restaurants und Läden gibt es am Bodden-Markt, wo in der Saison ein Wochenmarkt stattfindet (Mai–Okt. Fr 11–16 Uhr).

Strandfein
Hotel Sandstrand Ostseeperle

30 2- und 3-Raum-Apartments für 2–4 Pers. bietet das Hotel direkt am Strand von Glowe. Die Panorama-Suiten im 4. Stock verfügen auf der Terrasse über eine private Außenbadewanne mit Ostseeblick. Außerdem gibt es einen Wellnessbereich mit verschiedenen Saunen und Anwendungen.

Hauptstr. 65, T 038302 563 80, www.ostseeperle-hotel.de, 2 Pers. 90–190 €/Tag

Am Ende des Wanderwegs
Schloss Spyker

Nicht nur der idyllisch gelegene Schlosspark an der Spyker See macht den Aufenthalt im ältesten Profanbau der Insel so eindrucksvoll: Im Frühstücksraum in der Beletage begeistern die vollplastischen frühbarocken Stuckdecken mit Motiven zu den vier Jahreszeiten. In Auftrag gegeben wurden sie vom Schlossherrn Carl Gustav Graf von Wrangel. Der im Dienste der schwedischen Krone stehende Feldmarschall ließ das im 14. Jh. als Speicher errichtete Gebäude um 1650 aufwendig umbauen. Von Wrangel starb 1676 unter mysteriösen Umständen und soll nun als Schlossgespenst sehr umgänglich sein. Übrigens: Manche Zimmer haben eine integrierte Sauna sowie Badewanne im Turmerker.

Schlossallee 1, Spyker, T 038302 770, www.schloss-spyker.de, 32 Zimmer, DZ mit Frühstücksbuffet 110–200 €

Im Gewölbekeller
Restaurant Wrangel

Gar nicht verstaubt präsentiert sich die mexikanisch und mecklenburgisch inspirierte Küche im historischen Schlossgewölbe. Schön sitzt es sich in der Abendsonne auf der Schlossterrasse im Schlosspark.

Schlossallee 1, Spyker, T 038302 772 24, www.schloss-spyker.de, in der Saison Sa–Mo 12–21, Di, Do ab 16, Fr ab 14 Uhr, Gerichte ab 15 €, Mittagskarte bis 17 €

Lecker Meerblick
Restaurant Ostseeperle

Der moderne Spannbetonbau des Rügener Architekten Ulrich Müther aus dem Jahr 1968 wurde edel renoviert und ist heute Restaurant, Café und Bar in einem. Auf der großen Terrasse und im Restaurant mit Ostseeblick gibt es Pizza, Pasta sowie asiatisch Inspiriertes und natürlich Fisch.

Hauptstr. 65, T 038302 56 38 88, www.ostseeperlehotel.de/restaurant, tgl. ab 8 Uhr, warme Küche 12–20.30, im Winter Mi–So 14–21 Uhr, Pizza 9,90–14,50 €

Rennpappe rules
Trabi-Vermietung

Für eine coole (N)Ostalgie-Spritztour.

Rügenradio 31 a, T 0160 94 19 25 66, www.trabi-vermietung-glowe.jimdofree.com, tgl. 9–18 Uhr, nur nach Voranmeldung, z. B. 30 Min./15 €, 2 Std./50 €

Schnitzeljagd mit App
Actionbound – die Handy-Rallye

Die interaktive Erlebnistour für die ganze Familie führt vom Markt aus durch Glowe, vorbei an den Sehenswürdigkeiten des Ortes. Unterwegs sind wie bei einer klassischen Schnitzeljagd Fragen zu beant-

Nicht nur der unruhige Geist des ehemaligen Schlossherrn liebt es, nach einem leckeren Mahl im Gewölbe von Schloss Spyker durch den verwunschen-verwilderten Schlosspark zu wandeln.

worten. Und los gehts: Actionbound-App kostenlos aufs Handy laden – aus dem App-Store oder über www.actionbound.com/bound/glowe.

Was liegt denn da im Sand?
Dinosaurierland Rügen 🕮 F 4
Auf dem 1,5 km langen, barrierefrei gestalteten Pfad begegnen Ihnen 120 Dino-Modelle in Originalgröße. Auf einem speziellen ›Grabungsfeld‹ kann man mit Schaufel, Pinsel und Eimer die Nachbildung eines Dinoskeletts ausgraben. Mit Spielplatz und Bistro.
Am Spyker See 2 a, T 038302 71 98 74, www.dinosaurierland-ruegen.de, März 10–15, April/Mai bis 17, Juni–Aug. bis 18, Sept./Okt. bis 17 Uhr, Erw. 10,50 €, Kinder (4–12 J.) 8 €, keine Kartenzahlung

Infos & Termine
Touristikbüro Gemeinde Glowe e. V.: Haupstr. 37, T 038302 88 99 24, www.glowe.de, in der Saison Mo–Fr 8–18, Sa 8–12.30, sonst Mo–Fr 14–18, Sa/So 13–17 Uhr
Sanddornfest: Mitte/Ende Aug. Sa, Festumzug und Tanz zu Ehren der ›Ostsee-Zitrone‹.

Breege-Juliusruh

🕮 D 3

Am südlichen Zipfel der Halbinsel Wittow schmiegt sich Breege in eine geschützte Bucht am Boddenufer. Am Hafen, wo die Schiffe nach Hiddensee ablegen, zeugen zahlreiche reetgedeckte Kapitänshäuser aus dem 18. und 19. Jh. vom frühen Wohlstand des Fischer- und Seefahrerdorfs.

Kaum 100 m weiter auf der Ostsee-Seite erstreckt sich über 8 km der weiße Strand der Schaabe. Hier stand einst der Alterssitz des Wittower Großgrundbesitzers Julius von der Lancken, umgeben von einer 10 ha großen Parkanlage. Beides gibt es nicht mehr, aber durch das Aufkommen des Bädertourismus in Juliusruh wurde aus der einstigen Parkanlage ein schöner Kurpark, der den Knirpsen Platz zum Spielen lässt (und so den Großen einen Ruheschmaus beim benachbarten Räucherfischimbiss verschafft).

Die Anlage des Parks in Juliusruh kostete Julius von der Lancken 1795 Unsummen und ruinierte ihn fast – die Touristen von heute freuen sich.

Familiär
Hotel Windland

300 m vom Strand entfernt, zwischen Meer und Bodden, liegt die modernisierte Hotelanlage mit Zimmern im Landhausstil und Terrasse. Das Restaurant **Windlandstuben** öffnet tgl. um 17.30 Uhr.

Waldweg 18, Breege, T 038391 12456, www.ruegen-windland.com, DZ mit Frühstück in der Saison ab 100 €

Dem Strand so nah
Aquamaris Strandresidenz Rügen

In der exklusiven Anlage von 1996 im Kiefernwald gibt es ein Schwimmbad mit Sauna, Tennisplatz, 3 Restaurants und Kinderbetreuung.

Wittower Str. 4, Juliusruh, T 038391 440, www.aquamaris.de, DZ/Suiten/FeWo 86–270 € inkl. Frühstücksbuffet

Gut gebraten
Zur kleinen Hafenräucherei

Der Familienbetrieb am Hafen ist bei Einheimischen und Gästen beliebt. Ob Räucherfischbrötchen, kleine kalte oder warme Speisen: Alles schmeckt auf der Terrasse und im Wintergarten mit Blick auf den Bodden.

Dorfstr. 28, T 038391 127 68, www.hafenräucherei-breege.de, tgl. ab 9.30, warme Küche 11.30–21 Uhr, Fischfrikadelle 2,50 €

Altenkirchen D 3

Ruhig und beschaulich geht es in Altenkirchen zu. Kein Badetrubel stört die Ruhe in dem kleinen Ort im Zentrum von Wittow. Dafür gibt es Ärzte, eine Apotheke, einen Dorfteich und – der Name ist Programm – die älteste Dorfkirche der Insel. Von 1792 bis 1809 wirkte hier als Pastor Ludwig Gotthard Kosegarten.

Bekannt wurde der Pfarrer als Heimatdichter und durch seine Uferpredigten beim Wittower Fischerdorf Vitt. Dort predigte er an der Steilküste, weil die Fischer während des Heringsfangs keine Zeit hatten, zu ihm in die Kirche zu kommen.

Kleine Runde
Die dreischiffige romanische **Basilika** in Altenkirchen entstand Ende des 12. Jh. Aus der romanischen Zeit stammen noch die Apsis und das Chorquadrat. Der Taufstein wurde um 1240 aus einem Kalkstein aus Gotland gefertigt. Seine vier Köpfe symbolisieren die vier Paradiesflüsse. Einen Blick wert ist das große Kruzifix aus dem 14. Jh. im gotischen Triumphbogen sowie der um 1724 entstandene Altar und der nur wenig jüngere Taufengel. Unter den 61 Grabsteinen aus den Jahren 1798 bis 1861 auf dem verwunschenen **Friedhof** befindet sich auch die letzte Ruhestätte des Dichters, Pastors und Professors **Ludwig Gotthard Kosegarten** (▸ S. 120). Über sein Leben und Werk – und seinen Beitrag zur deutschen Romantik – informiert neben der Kirche eine kostenlose Dauerausstellung im **Kosegartenhaus** (in der Saison tgl.

Der Poesie-Automat auf dem Altenkirchener Friedhof spuckt für jeweils 50 Cent ein Gedicht aus.

10–17 Uhr). Kosegarten sammelte und besaß etliche Zeichnungen von **Caspar David Friedrich.**

Bis es dunkel wird
Hofcafé Altenkirchen
Eigentlich kein Geheimtipp mehr, wenn man im Netz die begeisterten Kommentare liest: Gegenüber der Kirche finden Sie etwas versteckt im Hinterhof ein charmantes Gartenlokal mit Bierbänken und einer freundlichen Neufundländer-Hündin. Egal ob süß (der Apfelkuchen) oder herzhaft (der Räucherfisch) – immer lecker! Achtung: Tageslichtbetrieb ...
Karl-Marx-Platz 4, T 038391 897 01, in der Saison tgl. ca. 12–18 Uhr, 11–20 €

Putgarten E 2

Inmitten weiter Felder ist Putgarten das Tor zum Flächendenkmal Kap Arkona. Ein Verbotsschild für Pkw und ein großer Parkplatz sorgen dafür, dass keine Autokolonnen die schmale Straße zum Kap verstopfen. Stattdessen halten am Parkplatz die elektrisch betriebene Bahn und die Pferdekutschen, die die Besucher zum Kap und ins malerische Fischerdorf Vitt bringen.

Das Zentrum des Ortes ist der **Rügenhof,** ein ehemaliger Gutshof mit Wirtschaftsgebäuden, einem Teich und einer Scheune, der inzwischen die Läden und Werkstätten zahlreicher Kunsthandwerker beherbergt. Hinterm Gutshaus verführt ein gemütliches Café zu einer kleinen Pause mit Cup Cakes und Kaffee. In der Kulturscheune nebenan gibt es wechselnde Ausstellungen. Wer länger bleiben möchte, kann hier auch Ferienwohnungen mieten (T 038391 40 00, 3 Nächte für 2 Pers. ab 178 €).

Mit einem Buch vorm Kamin
Hofgut Wollin
Über fast 10 ha erstreckt sich das Gelände des komplett renovierten Hofes an der Straße nach Putgarten mit 17 Apartments im Landhausstil und drei Schlaffässern. Neben Sauna, Bibliothek und Kaminzimmer gibt es alte Bäume, Teiche, Grill- und Kinderspielplätze.
T 038391 40 80, www.hof-wollin.de, Schlaffass 2 Pers. 65–85 €, Apartments 3–5 Pers. 74–140 €, z. T. barrierefrei

Infos & Termine
Tourismusgesellschaft mbH Kap Arkona: Am Parkplatz 1, T 038391 41 90, Infos über Veranstaltungen und Ferienwohnungen unter T 038391 40 00, www.kap-arkona.de
Kap-Arkona-Bahn: vom Parkplatz Putgarten zum Kap Arkona und nach Vitt, T 038391 132 13, www.kap-arkona-bahn.de, einfache Fahrt Erw. 3 €, hin und zurück 5 €
Markt auf dem Rügenhof: Sa/So 10–16 Uhr

Kap Arkona E 2

Touristenfalle oder -highlight? Am Kap Arkona scheiden sich die Geister. Fakt ist: Über Jahrtausende war das Kap von strategischer Bedeutung. Davon zeugen zahlreiche Kultur- und Militärdenkmäler; von den Resten des slawischen Burgwalls über die Leuchttürme bis hin zu Bunkeranlagen, die quasi das ganze 20. Jh. militärisch genutzt wurden. War der Ort zu DDR-Zeiten aus geostrategischen Gründen noch militärisches Sperrgebiet – so gilt Kap Arkona heute als eines der wichtigsten Ziele für Rügenurlauber. Übrigens: Der nördlichste Punkt Deutschlands ist einige 100 m weiter der Gellort.

Dorthin führt an der hölzernen Seeadlerstatue eine Treppe die Steilküste hinunter zum Nordstrand von Wittow. Hier liegt auch der **Siebenschneiderstein,** der 165 t wiegt und es auf Platz vier der größten Findlinge der Insel schafft. Wegen der massiven Abbrüche an der Steilküste in den vergangenen Jahren musste der Rad- und Wanderweg zum

Zwei Türme – **Leuchtfeuer am Kap Arkona**

Good job: Seit fast 200 Jahren warnen die beiden Leuchttürme am Kap Arkona die Seeleute vor der nahen Küste und gefährlichen Riffen. Von den Aussichtsplattformen aus schweift der Blick über die Halbinsel Wittow. Bei klarem Wetter kann man sogar bis zur dänischen Insel Moen schauen, die 40 km entfernt liegt.

Gemächlich geht es von Putgarten über die Dorfstraße auf die Türme zu, vorbei am Rügenhof. Weit zieht sie sich durch Felder schnurgerade über die Ebene, bis zu einer Linkskurve dicht an der Steilküste. Hinter der Kurve stehen die beiden Türme wie zwei ungleiche Brüder eng beieinander: Massig und gedrungen der viereckige **Schinkelturm** 1 aus rotem Backstein, daneben der hohe schlanke **neue Leuchtturm** 2. Der dreigeschossige Schinkelturm stammt nicht, wie der Name vermuten lässt, von dem berühmten Berliner Architekten. Die Quellen nennen als Planer und ausführende Architekten die Oberbauräte Günther, Michaelis und J. M. Lübke. Schinkels Einflussnahme kann aber auch nicht ausgeschlossen werden: So sollen die Pläne mit einem Kürzel von ihm abgezeichnet worden sein. Mit 33 m Höhe überragt ihn der neue Leuchtturm um mehr als 10 m. Aus gelben Ziegeln errichtet, verrichtet er seit 1905 den Dienst seines Vorgängers.

Hell, heller, am hellsten

Schon um 1300 gab es auf Hiddensee ein erstes Leuchtfeuer an der Küste von Vorpommern, doch es dauerte noch bis 1828, dass der Leuchtturm am Kap Arkona den Betrieb aufnahm. Er ist damit der zweitälteste Leuchtturm an der Ostsee nach Travemünde. Seeleute und Reeder verlangten nach dem Ende des Krieges gegen das napoleonische Frankreich ein Leuchtfeuer zur Unterstützung des wieder in Schwung kommenden Seehandels. Der erste Vorschlag von 1817 konnte sich nicht durchsetzen, umgesetzt wurde einige

1977 machte eine Fernsteuerung den letzten Leuchtturmwärter am Kap überflüssig, seit Mitte der 1990er-Jahre wird das Leuchtfeuer von Dänholm aus überwacht.

Ursprünglich leuchtete der neue Leuchtturm mit einer Lichtbogenlampe und zwei Scheinwerferlinsen auf einem Drehwerk, das auf Quecksilber rotierte. Das Signal besteht aus drei Blitzen und einer Pause, eine Drehung dauert 17,1 Sekunden. Elektrische Glühlampen ersetzten 1921 die Lichtbogenlampe, heute leuchtet eine Halogendampflampe.

Jahre später eine fortschrittlichere Konstruktion mit einer Aragandschen Lampe.

Namensgeber war der Schweizer Erfinder Aimé Aragand. Er erfand 1783 eine sehr hell brennende Flamme, indem er eine Lichtquelle mit einem hohlen Docht bestückte. Durch die Röhrenform erfolgte eine doppelte Luftzufuhr und der Docht brannte innen und außen gleichermaßen – am Kap bis 1872 mit Rüböl und dann mit Petroleum. Die Lampe brannte in einer auf dem Turm befindlichen Kuppel aus Kupfer und Glas. Da sich das Feuer 21 m über dem Erdboden und 62 m über dem Meer befand, war es 33,7 km weit zu sehen. In den Turm integriert wurde die Wohnung des Leuchtturmwärters.

Bye-bye Schinkelturm

Doch schon seit den 1850er-Jahren forderten die Spezialisten die Vereinheitlichung der Leuchtfeuer an Nord- und Ostsee mit unterschiedlichen Blinkfeuern für vorspringende Küstenabschnitte und gefährliche Gewässer. Besonders am Kap Arkona liefen um die Jahrhundertwende vom 19. zum 20. Jh. häufig Schiffe auf Steinriffe auf, weil der Schiffsverkehr durch den Ausbau des Sassnitzer Hafens und die Fährlinie nach Schweden zugenommen hatte. Ein neuer Leuchtturm mit Blinklicht sollte Abhilfe schaffen. 1905 löste das neue Modell den Schinkelturm ab. Eine tolle Aussicht bietet der begehbare Laternenumgang auf 30 m Höhe. Doch innen ist bis auf die steinerne Wendeltreppe mit ihren 175 Stufen nichts zu sehen.

INFOS/ÖFFNUNGSZEITEN

Schinkelturm 1: Ausstellung zum Leuchtfeuerwesen sowie zu Caspar David Friedrich und Karl Friedrich Schinkel, mit Aussichtsplattform, tgl. 11–16 Uhr, Erw. 2 €

Neuer Leuchtturm 2: Aussichtsplattform 74 m über NN, April–Okt. tgl. 10–17 Uhr, Erw. 3 €, Kinder 1,50 €

KULINARISCHES

Gaststätte Arcun 1: ► S. 85

Faltplan: E 2

KAP ARKONA

Sehenswert

1 Schinkelturm
2 Neuer Leuchtturm
3 Marineführungsbunker
4 Künstlerhaus am Kap Arkona
5 Königstreppe
6 Slawischer Burgwall
7 Marinepeilturm

Satt & glücklich

1 Gaststätte Arcun

Gellort verlegt werden – und auch auf andere Sehenswürdigkeiten hat sich die Erderosion an der Küstenlinie bereits ausgewirkt: Die alte **Nebelsignalstation** darf nicht mehr betreten werden.

WIE KOMMEN SIE HIN?

Wer den geschichtsträchtigen Ort am nördlichsten Zipfel der Insel besuchen möchte, kommt nur bis zum kleinen Dorf **Putgarten.** Hier erwartet den Besucher zunächst ein großer Parkplatz, von dem aus es dann weitergeht: Nur der Kap-Arkona-Bahn, einem gemütlichen Touristenbähnchen, den Pferdekutschen, Radfahrern und Anliegern ist die Fahrt auf der Dorfstraße zum etwa 1,5 km entfernten Kap erlaubt (► S. 81).

WAS TUN AM KAP ARKONA?

Zwei Türme

Schinkelturm 1 und Neuer Leuchtturm 2: ► S. 82

Im Untergrund

2000 m² Unterwelt: Zwei Bunker, **Marineführungsbunker** 3 genannt, durchziehen mit ihren Gängen fast unsichtbar die äußerste Spitze des Kaps, einer stammt von der Wehrmacht, der jüngere und größere wurde von 1979 bis1986 genutzt; seine Existenz wurde in der DDR-Zeit streng geheim gehalten. Der NVA-Bunker mit seiner Ausstellung zur Geschichte der 6. Flotille Dranske/Bug ist im Rahmen einer Führung zu besichtigen.

Infos zu den Führungen vom Förderverein Kap Arkona e. V., T 038391 43 46 60

Auf Beobachtungsposten

Im **Künstlerhaus am Kap Arkona** 4 wurde ab 1915 der Schiffsverkehr auf der Ostsee beobachtet. 2006 haben der Förderverein Kap Arkona e. V. und die Tourismusgesellschaft Kap Arkona mgH eine Galerie mit wechselnden Ausstellungen von Werken zeitgenössischer Künstler eingerichtet.

Marinesignalhaus, T 038391 43 46 60, www.kap-arkona.de, tgl. 11–15 Uhr

Zerbrechlich

Die **Königstreppe** 5 überwindet mit 230 Stufen die 42 m hohe Steilküste auf dem Weg hinunter zum Wasser. Der preußische König Friedrich Wilhelm III. ließ an dieser Stelle 1833 einen Anleger und eine Treppe errichten. Hier wurde auch 1865 das erste Telegrafenkabel durch die Ostsee nach Schweden verlegt.

Wegen der massiven Abbrüche an der Steilküste ist die Treppe gesperrt.

Schwindende Küste

Das zentrale Heiligtum der Ranen, der **slawische Burgwall** 6, lag auf einem in die Ostsee hineinragenden Felsen, etwa 45 m über dem Meeresspiegel. Von der einstmals mächtigen Befestigung ist heute noch ein Teil des

Erdwalls zu sehen. Die Anlage war ursprünglich wohl dreimal so groß. Der größte Teil ist im Laufe der Jahrhunderte mit dem stetigen Abbruch der Kliffkante ins Meer gestürzt. Der christliche Dänen-König Waldemar ließ 1168 bei seinem Feldzug gegen die heidnischen Ranen die Burg und den Tempel mit der Statue des vierköpfigen Gottes Svantevit zerstören. Durch die direkte Lage an der Steilküste ist der Substanzverlust nicht aufzuhalten, durchschnittlich gehen pro Jahr 30 bis 50 cm Küste verloren.

Wegen Abbruchgefahr nur noch im Rahmen einer Führung zugänglich. Einen Blick auf die Ausgrabungen bietet die Aussicht vom benachbarten Marinepeilturm.

Super Sicht

In direkter Nachbarschaft zum Burgwall wurde der **Marinepeilturm** 7 1927 als Navigationshilfe zur Verbesserung der Sicherheit auf der Fährlinie zwischen Sassnitz und Trelleborg errichtet. Die Entwicklung der Navigationstechnik machte den Turm bald überflüssig. Über die Geschichte der Slawenburg informiert eine Ausstellung im Inneren des Turms. Von der Plattform auf der Turmspitze bietet sich eine gute Sicht auf den Burgwall. Im Turm befindet sich ein Laden mit Kunsthandwerk aus Lateinamerika.

T 038391 43 99 59, April–Okt. 11–18, Nov.–März 11–16, Juni, Sept. 10–17, Juli/Aug. 10–18 Uhr, Erw. 2 €

Im Grünen

Gaststätte Arcun 1

Unterhalb der zwei Leuchttürme bietet ein lauschiger Biergarten mit Selbstbedienung kleine Gerichte unter 10 €, die eine gute Grundlage schaffen für die Besichtigungen am Kap Arkona.

Arkona 2 b, T 038391 523, tgl. 10–18 Uhr

ABSTECHER NACH VITT

Vom Kap Arkona führt ein Hochuferweg ins ca. 1 km entfernte Fischerdörfchen **Vitt** (🕮 E 2), das früher zur slawischen **Burg Arkona** gehörte. Das denkmalgeschützte Dorf liegt malerisch in eine Liete, eine Schlucht, gekuschelt. Mit seinen Reetdachkaten und den unbefestigten Wegen zwischen den wenigen Häusern ist es ein inzwischen rares Beispiel für die traditionelle Siedlungsform auf der Insel. Vom Café am Meer bietet sich ein herrlicher Blick auf das Kap. Ludwig Gotthard Kosegarten, der Pastor im nahen Altenkirchen war, ließ ab 1806 am Rand der Steilküste für die Fischer eine achteckige **Kapelle** errichten. Für den Bau konnte der bekannte Heimatdichter Könige und Herzöge sowie die Städte Greifswald und Stralsund gewinnen. Mit der Kap-Arkona-Bahn kommt man von Putgarten aus regelmäßig hin.

Vitt kommt wahrscheinlich von Vitte, wie die Hafen- und Handelsplätze der Fischer hießen (schwedisch *vittja* = Anlande- und Stapelplatz).

Traditionsgasthof

Zum goldenen Anker

Seit 1646 kehren hungrige Reisende hier ein, von den alten Zeiten zeugen in dem urigen Restaurant noch eine Wand mit original erhaltenen Delfter Kacheln. Neben Fisch und Wild auch Kuchen.

Vitt Nr. 2, T 038391 121 34, www.gasthof-vitt.de, in der Saison tgl 11–21 Uhr

Wiek 🕮 C/D 3

Kaum zu glauben, aber 1819 war Wiek als das größte Dorf auf Rügen bekannt. Ein Blickfang am Hafen ist die nie genutzte Kreidebrücke. Hier sollte Kreide aus den Kreidebrüchen am Kap Arkona verladen werden, doch der Bau der Anlage wurde 1915 mit dem Ausbruch des Ersten Weltkriegs gestoppt. Heute belebt eine Marina den alten Hafen, ebenso die Bistros an der Mole.

Wir kommen wieder! Das ist keine Drohung, sondern eine Liebeserklärung an das Blumencafé in Wiek mit seiner einmaligen Garten-Back-Mischung.

Wie viele Orte auf Rügen kann auch Wiek auf eine jahrhundertealte Geschichte zurückschauen. Augenfällig für die ehemalige Bedeutung der Siedlung ist die gotische Hallenkirche **St. Georg** (1400). Ganz in der Nähe am Wieker Bodden liegt der **Hafen.** Er war bis ins 19. Jh. bedeutend für Kohle-, Getreide- und Rübentransporte sowie den Fährverkehr nach Dranske und Stralsund sowie Hiddensee.

Landlust nebenan

Landhotel Herrenhaus Bohlendorf

Abgeschieden, wie es sich für einen Landsitz gehört, kommt in der familiären Umgebung die Entspannung von ganz allein. Ein angenehmes Plus: die Sauna und das Kaminzimmer. Der Gutspark lädt zu einem kleinen Spaziergang ein. Dazu passen von 14–17 Uhr wunderbar Kaffee und Kuchen im Wintergarten. Zum Hotel gehört auch ein Restaurant (März–Okt. Küche 17–21 Uhr, Gerichte 11–20 €).

Dorfstr. 6 a, Bohlendorf, T 038391 770, www.lieblingsplatz-hotels.de/bohlendorf, DZ mit Frühstücksbuffet 90–130 €, Frühstück im Wintergarten

Blütenzauber

Blumencafé

Zum Verlieben ist dieses kleine Café. Mit Sandkiste für die Kleinsten, Kaninchenställen, Schafweide und einem schönen wild-romantischen Garten, in dem im Sommer der Kuchen und die leckeren Suppenspezialitäten schmecken.

Gerhart-Hauptmann-Str. 6, T 038391 76 99 32, www.blumencafe-ruegen.de, Mai–Sept. Mi–So 13–18, Okt.–April Mi–So 12–17 Uhr, satt für unter 10 €

Hmmm, leckere Erbsensuppe und selbst gemachter Holunderblütensaft!

Infos

Tourismusinformation Wiek: Am Markt 5, Wiek, T 038391 768 70, www.wiek-ruegen.de

Dranske C 3

Strände an Bodden- und Ostseeküste, viel Sonne und Wind – kein Wunder, dass Dranske bei Surfern beliebt ist. Hier gilt: keine Hektik, kein Stress. Ruhe und Abgeschiedenheit sind allerdings erst vor nicht allzu langer Zeit eingekehrt: Noch 1990 lebten in Dranske 4000 Menschen, denn der Ort wurde von 1917 bis 1991 militärisch genutzt. Dann wurde der Marinestützpunkt aufgelöst und Dranske verlor einen Großteil seiner Einwohner.

Nicht öffentlich zugänglich ist ein Teil des Gebietes auf der Landzunge Bug. Die kaum 10 km lange Halbinsel war rund 75 Jahre Sperrgebiet und beherbergte ein Fliegerhorst für Seeflieger und ein Seeaufklärungsgeschwader. Der Süd-Bug gehört inzwischen zum **Nationalpark Vorpommersche Boddenlandschaft.** Nahebei liegt das Naherholungsgebiet Bakenberg mit Campingplatz im Küstenuferwald. Hier vorbei führt der **Hochuferweg** von Dranske bis zum Kap Arkona.

Cool schlafen

Zum Surfcamp des **Uni Surf Team Rügen** (► rechts) gehören sowohl das **Piratennest** als auch das **NoHotel.** Beide bieten Doppel- und Mehrbettzimmer sowie Ferienwohnungen an.

Piratennest: Fischerweg 3, www.piratennest-dranske.de, FeWo für 4 Pers. 1. Nacht 115 €, danach 80 €; NoHotel: Karl-Liebknecht-Str. 58, www.nohotel.de, T 038391 43 97 57, Mehrbettzimmer 30 €/Pers., DZ 75 €, FeWo für 2 Pers. 90 €

Mit Boddenblick

Strandhotel Dranske

Direkt am Wasser gelegen, geht der Blick von der Restaurantterrasse zur Seebrücke, wo die Fähre nach Hiddensee ablegt. Modernes Hotel mit Wellnessbereich.

Hafenstr. 4, T 038391 434 80, www.strandhotel-dranske.de, DZ mit Frühstücksbuffet ab 120 €

Hart am Wind

Uni Surf Team Rügen

Tagsüber wird einem beigebracht, wie man auf dem Wasser möglichst gut aussieht. Abends dann kann man todmüde in die zum Camp gehörenden Unterkünfte fallen (► links). Entspannt: die **Surfbar,** ein cooles Bistro direkt am Strand mit Fahrradverleih.

Am Ufer 14 a, T 038391 898 98, www.ruegen-piraten.de, Windsurf-Crashkurs 55 €/3 Std. (entspricht dem 1. Tag des 4-tägigen Grundkurses), Kiten-Schnupperkurs 120 €/4 Std., SUP-Einsteigerkurs 30 €/1,5 Std., Kajakverleih 10 €/1 Std.

Ungestörte Natur

Wanderung im Naturschutzgebiet Bug, Südbug

Seltene Vögel und Pflanzen sind auf der Wanderung durch Dünen, Wiesen und Forst zu sehen. Der Bug ist nur im Rahmen einer Führung zugänglich. Anfahrt nur mit dem Pkw, es muss ein Privatgrundstück durchfahren werden. Die Militärliegenschaft Bug gehört nicht zur geführten Wanderung.

April–Okt. Di 9.15, Mi 9.45 Uhr, Anmeldung Tourist-Information Dranske-Nonnevitz, T 038391 890 07, ab 4 Pers., feste Schuhe und lange Kleidung, Erw. 5 €

Infos & Termine

Fremdenverkehrsamt Dranske: Karl-Liebknecht-Str. 41, T 038391 890 07, www.gemeinde-dranske.de, Juni–Okt. Mo–Fr 9–17, Sa/So 10–14, im Winter Mo–Fr 9–12, 13–16 Uhr. Mit Internetterminal, Bibliothek Do 14–15 Uhr, Zimmernachweis und Ausgabe von Angelscheinen

Schiffsfahrten nach Hiddensee (Vitte): In der Sommersaison legt die weiße Flotte in Dranske an – nähere Informationen auf www.reederei-hiddensee.de.

Surfwettbewerb um den Windland-Pokal: letztes Juli-Wochenende, mit dreitägiger Boddenparty sowie Beiprogramm und ›Testival‹ (Testen von neuem Surf-Material)

Rügens Westen

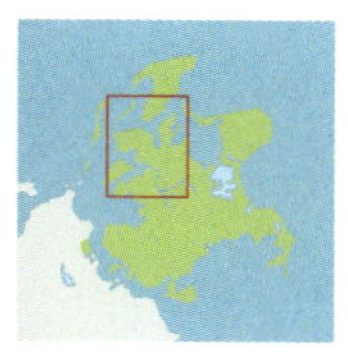

Weite Wiesen und Felder – und jede Menge Himmel. Für Hektik und Stress müssen die wenigen Urlauber in Rügens stillem Westen schon selber sorgen. Da kommt die Erholung von ganz allein, gerade wenn im Frühjahr und Herbst der Ruf der Kraniche über den Bodden tönt. Die Attraktionen vor Ort sind dem hiesigen Tempo angepasst: Schweine, speziell die Sau Rosi bei Bauer Lange, Gänse oder Pferde, wie die Haflinger auf der Insel Ummanz … In Gingst schlägt ganz gemächlich das Herz der Region. Und ein ganz klein wenig hektisch wird es nur in Schaprode, bevor die Fähre nach Hiddensee ablegt.

Gingst 🗺 C 6

Ziemlich viel Ruhe verspricht ein Besuch in Rügens stillem Westen. Selbst im Hochsommer hält sich hier die Zahl der Urlauber angenehm in Grenzen. Und so wirkt die ländliche Region heute im Vergleich zu früher fast vergessen. Schließlich standen im 18. und 19. Jh. die Gingster Damasttuche bis nach Stralsund und weit darüber hinaus für Qualität.

Mit seinen Webern und den zahlreichen Handwerksbetrieben entwickelte sich das kleine Dorf **Gingst,** das als Ghynxt 1232 zum ersten Mal erwähnt wurde, zum regionalen Zentrum Westrügens. Der charmante Ort ist unbedingt einen Besuch wert, auch wenn viele der alten Häuser 1950 bei einem Brand in Flammen aufgingen.

Rügens Schönheit

Auf dem großzügigen **Dorfplatz** geht es im Sommer beschaulich zu: Zweistöckige pastellfarbene Häuser umrahmen den Dorfanger, wo im Schatten der Bäume auf weißen Bänken Mütter und Senioren den spielenden Kindern zuschauen. Am kopfsteingepflasterten schmalen Ende des Platzes erhebt sich der massige Turm der **St. Jacobikirche** aus dem 14. Jh. Die Backsteinkirche wurde nach einem Brand im Jahr 1726 barock umgestaltet. Tipp: der Buchladen und die Keramikstube links und rechts am Kirchplatz.
Einblick in den Alltag der Weber und Schuhmacher geben die **Historischen Handwerkerstuben.** Die Museumskaten waren über 200 Jahre von Handwerkern bewohnt (▸ S. 92).

Miniaturen und Kinderkarussells

100 bis zu 9 m hohe Nachbauten wie das Kolosseum, Notre Dame oder Rügen en miniature sowie ein großer Spielplatz sind auf dem 40 000 m² großen Gelände des **Rügenparks** versammelt.
Mühlenstr. 22 b, T 038305 550 55, www.ruegenpark.de, April–Juni Di–So 10–18, Juli/Aug. tgl. 10–18, Sept./Okt. Di–So 10–17 Uhr, Erw. und Kinder ab 12 Jahre 11 €, Kinder (3–12 Jahre) nach Größe 4–9 €

Frei malen

Auf dem Gelände der historischen Handwerkerstuben führt Christine Schween mit der **Malstuv Gingst** ein offenes Atelier. Neben Ausstellungen und Lesungen bietet sie Schnuppermalkurse für Anfänger (Mo 11–13 Uhr, 48 €) und Fortgeschrittenenkurse an.
Museumsatelier Gingst, Karl-Marx-Str. 19, T 0162 847 52 43, Mai–Okt. Mo–Mi 11–16 Uhr

Bodenständige Küche

Alte Schule Gagern
Auch Einheimische kommen gern in das Restaurant nordöstlich von Gingst und genießen die regionalen Spezialitäten der Familie Herbst. Einfache Zimmer.
Schulstr. 1, Gagern, T 038305 366, alte-schule-gagern@t-online.de, tgl. ab 17 Uhr, wechselnder Ruhetag, Gerichte 11–20 €, DZ 80 €

Bio und schön bunt

Feinste Regionalwaren & Töpferei
In dem Laden von Lothar Seewald und Roswitha Burgmann-Seewald gibt es regionale und Bioprodukte, dazu Gartenfiguren, Geschirr und Keramik.
Am Markt 4, T 038305 600 86, www.toepferei-regionalwaren.de, Mo–Fr 10–18, Sa 10–14 Uhr, außerhalb der Saison eingeschränkte Zeiten

Edle Tropfen

Alte Post
In der gemütlichen Weinstube mit Weinhandlung und Café gibt es auch Schokolade, Honig, Brände und Keramik zu kaufen.
Markt 14, T 038305 53 98 37, www.altepost-ruegen.de, in der Saison Mo–Sa ab 14 Uhr

Infos & Termine

Infostube vom Tourismusverein West-Rügen e. V.: Karl-Marx-Str. 19, T 038305 534 83, www.westruegen.net. Zimmernachweis, Infos über Orts- und Kirchenführungen, Rad- und Kranichwanderungen, Vorträge (zzt. nur online). Termine im Flyer Tourismusverein West-Rügen e. V. und auf der Homepage

AUFGEWACHT

Friedwald und Schlosspark Pansevitz 🕮 D 6
Die 12 ha große Parkanlage rund um die Ruine vom Gutshaus Pansevitz mit dem 35 ha großen, angrenzenden Wald hat sich in den vergangenen Jahren zu einem beliebten Ziel für Gartenliebhaber entwickelt: Ein Teil des Geländes ist inzwischen als Friedwald ausgewiesen. Die Sichtachsen sind wieder frei, verschlungene Wege führen von dem begehbaren Turm des ehemaligen Gutshauses vorbei an Teichen, Weihern und Alleen der großzügigen Anlage. Belebt wird das Gelände durch Führungen und Kulturveranstaltungen. Schön und stimmungsvoll sind besonders die wandelnden Theateraufführungen in den lauen Nächten im Juli/Aug. (www.rotekugel.com). Der Weg zum Park ist gut ausgeschildert und liegt ca. 5 km östlich von Gingst an der Durchgangsstraße, die von Bergen gen Norden zur Wittower Fähre führt. Infos unter www.stiftung-schlosspark-pansevitz.de und www.westruegen.net.

Großer Kunsthandwerkermarkt: jedes 2. Augustwochenende
Kirchenkonzerte: in den Sommermonaten Konzerte in der St. Jacobikirche von alter Musik bis Klassik; Eintritt frei, Spende erbeten

Boldevitz 🕮 D 6

Das Gutshaus mit dem markanten Doppelgiebel ist das Wahrzeichen von Boldevitz, das mit seiner restaurierten Parkanlage einen Besuch wert ist. Die ältesten Gebäudeteile stammen aus dem Jahr 1635.

Von Mitte bis Ende des 18. Jh. gestaltete der Regierungsrat Baron Adolf Friedrich von Olthoff das Gebäude um und es entstanden die **Flügelbauten,** in denen sich heute Ferienwohnungen befinden. Von 1762 bis 1764 schuf Jakob Philipp Hackert für den Festsaal im Haupthaus großformatige Tapetenmalereien. Seine Landschaftsmalerei bildet neben mediterranen auch Rügener Motive ab. Die Gartenanlagen mit über 10 ha wurden von 1763 bis 1765 angelegt und im 19. Jh. zum englischen **Landschaftspark** umgestaltet: Großzügige Sichtachsen in die weite Landschaft, alte Bäume, Obstgärten und neu angelegte Teiche machen den Spaziergang im Park zum

Mit Hammer und Nadel – **Handwerkerstuben in Gingst**

Engagierte Schüler haben sich vor 30 Jahren für den Erhalt der alten Handwerkerwohnungen eingesetzt. Ein Glück – so können wir heute in den längst vergangenen Alltag der Gingster Weber, Schuster und Schneider eintauchen. Aus dem Projekt ist ein ganzer Hof mit Café und Museumsladen in der alten Scheune geworden.

Hereinspaziert: Durch diese schöne Tür kommen Sie in in die Handwerkerstuben.

»Wer weiß noch, wie früher der Milchrahm zu Butter geschlagen wurde?«, fragt Ute Uhlemann, die Museumsleiterin, in der Küche der Handwerkerstuben in Gingst. Sie führt uns durch die niedrigen Zimmer des historischen Hauses, durch die Kammer der Hutmacherin und zur Kate der Weber nebenan. Viele ehrenamtliche Unterstützer wie sie halten das Museum seit 1971 am Laufen und haben dafür gesorgt, dass aus den zwei benachbarten Reetdachkaten ein ganzer Museumshof wurde.

Wie alles begann ...

Hans Karl Stoll und Horst Dieter Brandtner begeisterten sich in den späten 1960er-Jahren für Regionalgeschichte. Zusammen mit einer Gruppe von interessierten Schülern sammelten sie Relikte traditioneller Handwerkskunst und machten bei ihren Streifzügen reiche Beute. Denn in Gingst hatten sich seit dem 18. Jh. zahlreiche Handwerker angesiedelt – bis zu 50 Gewerke wurden hier ausgeübt. Bekannt über Pommern hinaus waren Ende des 18. Jh. die hochwertigen Arbeiten der Leinen- und Damastweber. Besonders Pastor Johann Gottlieb Picht ist das Aufblühen der Region zu verdanken. Er setzte sich im Jahr 1773 für die Abschaffung der Leibeigenschaft ein und förderte Handwerk und Schulunterricht.

Doch dann meldete im Jahr 1912 der letzte Gingster Weber sein Gewerbe ab. Mit der Renovierung seines Hauses durch die Arbeitsgruppe der ›Jungen Historiker‹ begann 1968 die Geschichte des Handwerksmuseums.

Garantiert von hier! Samstags (Juni–Okt.) ist grüner Markttag auf dem Rasen im Museumshof: Von 10 bis 16 Uhr bauen Bauern und Kunsthandwerker ihre Stände auf und bieten regionale Produkte an.

Haus Kremke 1 ist heute der Eingang zum Museum: Im Erdgeschoss links von der Diele lebte eine Schuster- und rechts eine Schneiderfamilie. Das Obergeschoss bewohnte eine Weißnäherin. Unter dem Dach schliefen die Kinder. Der Rundgang durchs Haus führt durch die eingerichteten Werkstatt- und Wohnräume. Das **Efeuhaus** 2 beherbergt die original nachgestaltete Weberwohnung.

Ü ÜBRIGENS

Eine Weißnäherin fertigt Bettwäsche, Tischdecken, Oberhemden und einfache Blusen und bessert sie aus.

Dorf im Dorf

Auf dem Hof geben zahlreiche Exponate einen Eindruck vom Leben und Arbeiten auf dem Land: Neben dem **Dreschkasten** 3 zum Ausschlagen der Körner stehen in der offenen **Remise** 4 Wagen und Handwerksgeräte von Milchbauern, Stellmachern und Tischlern. Auf dem Rasen kann man auch in einen **Pausenkarren** 5 hineingucken, und es scheint, als seien die Feldarbeiter nach der Mittagszeit gerade wieder an ihre Arbeit zurückgekehrt. Nur durchs Fenster zu betrachten ist die Einrichtung einer **Bäckerei** 6, und es gibt auch eine **Schmiede** 7, die zum 25-jährigen Bestehen des Museums aus Berglase hier aufgebaut wurde. Im Hof des **Museumscafés** 1 vergisst man im Sommer unter den Bäumen die Zeit.

INFOS/ÖFFNUNGSZEITEN

Historische Handwerkerstuben Gingst: Karl-Marx-Str. 19/20, T 038305 304, www.historische-hanwerkerstuben-gingst.de, Mai–Ende Okt. Di–So 10–16 Uhr, Erw. 3 €, Kinder 2,50 €, Familien 7,50 €

PAUSE

Museumscafé 1 und Laden: Karl-Marx-Str. 19 a, T 038305 53 99 93, Ostern–Ende Nov. tgl. 11–18 Uhr, im Winter eingeschränkte Öffnungszeiten. Lecker ist der selbst gemachte Kuchen. Im Café locken die gemütlichen Sitzecken und die vielen Bücher, im Laden gibt es Kunsthandwerk, Post- und Landkarten sowie Bio- und Regionalwaren.

Faltplan: C 6

Genuss. Für Hochzeiten bietet sich die kleine klassizistische Kapelle aus dem Jahr 1839 sowie der Festsaal mit den restaurierten Tapeten an.

Gutshausurlaub mit Komfort
Rügenkaten Boldevitz

20 geschmackvoll eingerichtete Ferienwohnungen für 2–6 Pers. befinden sich im Herrenhaus und in mehreren über das weitläufige Gelände verteilten Katen. Zwei von ihnen haben eine Sauna/Dampfbad. Zum Gutshof gehören auch ein landwirtschaftlicher Betrieb, ein Pferdehof mit Reithalle sowie zwei Tennisplätze.

Dorfstr. 17, Boldevitz, T 03838 31 39 76, www.ruegenkaten.de, in der Saison 90–150 €/ Tag für 2 Pers. bei einem Mindestaufenthalt von 7 Tagen, Nebensaison ermäßigt

ABSTECHER LANDOW/MOORDORF

Einen Abstecher wert auf der Landstraße von Samtens nach Gingst ist bei Dreschvitz die **Kultur- und Wegekirche Landow** (C 7, www.kirchelandow.de, Ostern–Ende Okt. 9–19 Uhr). Während des Landower Musiksommers finden hier von April bis Oktober Konzerte, Filmvorführungen, Gottesdienste und Ausstellungen statt. Die 700 Jahre alte **Backsteinkirche** liegt an der mittelalterlichen Salz- und Heringsstraße. Über viele Jahre vernachlässigt, wird die Kirche seit der Jahrtausendwende von einem engagierten Freundeskreis betreut und offen gehalten. In dem Gotteshaus, das am Rund-Rügen-Radweg liegt, sind Wanderer, Radler und Reisende als moderne Pilger zu Rast und Einkehr eingeladen. Gar nicht weit entfernt von Landow liegt **Moordorf** (C 6/7). Und jenseits eines kleinen Wäldchens sind in Haus Nr. 5 die Seminarräume der **Kräuterschule Rügen** untergebracht (Gemeinde Ummanz, T 038305 552 27, www.kraeuterhof-ruegen.de). Wer schon immer mal im Garten und in der Natur die Kraft der Unkräuter kennenlernen wollte, dem bieten die Kräuterwanderungen von Gabi Wieczorek eine gute Gelegenheit. Die ausgebildete Phytotherapeutin lenkt den Blick auf den vergessenen Nutzen der Feld-, Wald- und Wiesenpflanzen, die ganz selbstverständlich in unseren Gärten oder vor unserer Haustür wachsen.

Halbinsel Lieschow B/C 6

Wiesen und Felder, so weit das Auge schaut. Kein Wunder, dass hier zwei Höfe zu den Attraktionen der Region gehören. Kinder haben Spaß beim Ponyreiten und Kükengucken bei Bauer Kliewe – oder vielleicht doch lieber bei den Schweinen und beim Herumtollen im Maislabyrinth von Bauer Lange.

Hoffeste das ganz Jahr hindurch locken Rügenurlauber hierher ins ruhige Hinterland. Ausschließlich für Erwachsene interessant sind die Produkte aus dem Obstgarten der Rügener Edeldestillerie.

Kinderspaß
Erlebnis-Bauernhof Kliewe

Kühe, Pferde sowie Enten und Gänse verteilen sich auf dem 55 ha großen Gelände. Ein Hofladen lädt zum Stöbern ein. In der Schaubrüterei im Hofcafé können Kinder und Erwachsene durch eine Glasscheibe einen neugierigen Blick auf flauschige Küken werfen.

Mursewiek 1, T 038305 81 30, www.bauernhof-kliewe.de, Hofladen und Restaurant tgl. 9–22, warme Küche ab 11, im Winter tgl. 10–17 Uhr, FeWo für 4–8 Pers. auf dem Hof 109–139 €/Tag (im Sommer), Kleinkindausstattung zum Ausleihen. Ponyreiten für Kinder (ab 3 Jahren, 15 €), geführt auf dem Reitplatz sowie Mutter-Kind-Reitstunde und Reitunterricht nach Absprache, T 038305 53 00 10 38, christin.kliewe@web.de

Schweinisches Vergnügen
Bauer Lange

Attraktionen des Hofs sind die Sau Rosi und ihre zahlreichen Ferkel sowie ab Mitte Juli das Maislabyrinth. Kids können hier ihr Junior-Bauer-Diplom bekommen, fürs Füttern, Buttern und Treckerfahren. In der großen Scheune

Die Ummanzer Haflingerzucht liefert die wichtigste Zutat für die beliebten Stutenmilchprodukte. Trinkmilch und Kosmetik gibt's z. B. bei Bauer Kliewe.

gibt es saisonale Leckereien vom Spargel bis zum Spanferkel.

Hof Nr. 37, T 038305 551 17, www.bauer-lange.de, Fewo für 2–6 Pers., z. B. 4 Pers. 90–110 €/Tag im Sommer, Hofladen Ostern–Okt. 8–20, Nov.–März Mo–Fr 10–16 Uhr

Beste Brände

Erste Edeldestillerie Rügen

Etwa 1000 Obstbäume gehören zum Betrieb, darunter alte Rügener Apfelsorten, Kirschen, Birnen, Quitten. Hier entstehen sortenreine Brände in Bioqualität, man kann auch ein Sonderetikett bestellen.

Lieschow 17, T 038305 553 00, www.1ste-edeldestillerie.de, Mo–Fr 10–16 Uhr

Insel Ummanz

B/C 5/6

Was ist groß und fliegt auf Ummanz? Kraniche! Die scheuen Vögel genießen im Frühjahr und Herbst die Ruhe auf der flachen Insel, die durch eine 250 m lange Brücke mit Rügen verbunden ist. Sie lassen sich gut in Tankow bei ihrer Rast am Bodden beobachten. Nur 300 Einwohner leben hier in 17 Orten. Im Sommer sorgt die Surfschule in Suhrendorf für Action.

Von Waase nach Freesenort

1291 bauten hier Zisterziensermönche eine Kapelle, um 1440 erhielt die **St. Marienkirche** ihre heutige Gestalt als Backsteinkirche (www.kirche-mv.de/Gingst.1064.0.html, April/Mai, Okt. Di–Fr 11–14.30, Juni–Sept. bis 16 Uhr). Einen Blick wert ist innen der kunstvoll geschnitzte gotische Flügelalter, der um 1520 in Antwerpen entstand. Er zeigt Szenen aus der Passionsgeschichte und aus dem Leben von Thomas Becket, Erzbischof von Canterbury. Stralsunder Kaufleute erwarben ihn für die Nikolaikirche, um 1700 wurde er nach Ummanz verkauft.

Surfspaß für Kids

Rügen Surfhostel

Hängematten auf dem liebevoll gestalteten Gelände laden zum Chillen ein. Pizza gibt's auch, die Kleinen können sich auf dem Abenteuerspielplatz austoben, während die **Tikibar** eher die Großen interessiert. Dazu gibt es Disco, teilweise auch Livemusik.

Suhrendorf 8, Suhrendorf, T 038305 550 18, www.ummaii.de/home, Übernachtung im Tiny

House oder im DZ 27 € p. P., im Mehrbettzimmer 20 € p. P., Windsurfanfängerkurs 3 Tage à 3 Std. 145 €

Schöne Lage

Café Kutterschnute

Neben der Kirche in der alten Pfarrscheune sitzt es sich ganz gemütlich mit tollem Blick aufs Wasser. Es locken die Kuchen und das selbst gemachte Softeis sowie Herzhaftes wie Fischsoljanka und Wildwiener. Im Laden gibt es u. a. Kosmetikprodukte aus Ummanzer Stutenmilch.

Am Focker Strom 1 e, Waase, T 0160 407 36 08, www.kutterschnute.de, Di–So 12–17 Uhr, 11–20 €

Infos

Ummanz Information: Alte Küsterei, Neue Str. 63 a, Waase, T 038305 534 81, www.ruegeninsel-ummanz.de, April–Juni Mo–Fr 11–15, Juli–Okt. 10–17, Nov./Dez. 11–15 Uhr. Eine Ausstellung informiert über die Insel. Es gibt Info-Broschüren und auch Kosmetikprodukte aus Ummanzer Stutenmilch zu kaufen.

Lebbin und Liddow D 4

Skandinavische Gefühle stellen sich auf den bewaldeten Hügeln, den sanft gewellten Wiesen und Feldern zwischen weiten Wasserflächen des Großen Jasmunder Boddens ein. Die Halbinsel Lebbin bildet den nordöstlichen Zipfel des Muttlandes, wie das Rügener Zentralland auch genannt wird. Zwischen Lebbiner Bodden und Tetzitzer See schiebt sich die Halbinsel Liddow in den Großen Jasmunder Bodden.

Einen Eindruck von der Vielfalt der Rügener Boddenlandschaft gibt ein Spaziergang auf dem **Boddenpanoramaweg:** Von **Neuenkirchen** führt er nach **Laase** und weiter bis zu einer Holzbrücke über den Liddower Strom, der die Halbinsel Lebbin von der Halbinsel Liddow trennt.

Hinter der Brücke führt der Weg vorbei am **Kulturgut Liddow** und dann am Boddenufer bis zu den kieferbestandenen **Banzelvitzer Bergen.** Der vom Deutschen Wanderverein ausgezeichnete Qualitätswanderweg führt auf 24 km entlang des Jasmunder Boddens bis nach Ralswiek und nach Lietzow (www.auf-nach-mv.de/wandern-boddenpanoramaweg).

Wer nicht so weit laufen möchte, steigt einfach auf den wieder errichteten **Grümbke-Turm** in Neuenkirchen, benannt nach dem in Bergen geborenen Historiker und Geografen Johann Jacob Grümbke (1771–1849). Errichtet auf dem 44 m hohen Hügel Hoch Hilgor bietet sich von dem Turm eine fantastische Aussicht. Schön ist auch der Erlebnispfad **»Wälder der Erde«:** An 19 Stationen können von März–Okt. kleine und große Forscher in den Banzelvitzer Bergen die Geheimnisse unserer grünen Lunge erforschen.

Von März–Okt. beim Campingplatz und Ferienhausanlage Banzelvitzer Berge, Am Berg 4, Groß Banzelvitz, T 03838 312 48, www.banzelvitz.de.

Edel

In der fruchtbaren Region gibt es mehrere Gutshäuser bzw. Schlösser, z. B. in Venz, Libnitz, Granskevitz und **Tribbevitz.** Letzterer ist ein Hof mit Hotel Garni und Trakehnerzucht.

www.gut-tribbevitz.de, DZ ab 115 €

ABSTECHER ZUM GUTSPARK KARTZITZ

Der öffentlich zugängliche Teil des ca. 7 ha großen **Gutsparks** (D 5) liegt etwas versteckt und ist über die Zufahrt zum Dorf Kartzitz zu erreichen. Neue Wege erschließen den rekonstruierten englischen Landschaftspark mit Teichen, Wasserläufen, Brücken und alten Bäumen. Ein Wassergraben mit einer kleinen Fähre trennt den öffentlichen vom privaten Bereich des Parks: Das Gutshaus mit zwei Kavaliershäusern wurde 1750 als Stammsitz der Familie von Usedom erbaut und ist heute die einzige auf der Insel erhaltene Barockanlage (www.gut-kartzitz.de).

Trent 🕮 C 5

Trent ist Trend mit seiner Nutzung der Dorfkirche als Kultur- und Wegekirche. Reisende kommen hier vorbei auf dem Weg zur Fähre nach Hiddensee oder Wittow. Dabei hat der Ort an der mittelalterlichen Heringsstraße Charme – und sogar ein Schloss (Libnitz ▸ oben).

In der Dorfstraße von Trent erhebt sich die **St. Katharinenkirche** (Mai–Okt. Schlüssel erhältlich bei Familie Otto Krassow, Dorfstr. 21). Das Langhaus entstand in seiner heutigen Form Ende des 15. Jh. als gotische Halle. Seine geschweifte Haube erhielt der Turm im Jahr 1602. Der Stralsunder Meister Michael Müller schnitzte 1752 den Barockaltar, zwei Jahre später fertigte er den evangelischen Beichtstuhl sowie den Taufständer.

Jeden Tag anders

Gasthaus Fähreck

Das bodenständige Traditionshaus mit kleiner Sommerterrasse ist bekannt für seine Fischgerichte und das selbst gemachte Speiseeis mit täglich wechselnden Sorten.

Dorfstr. 25, T 038309 13 51, Mitte Febr.–Mitte Nov. sowie 3 Wochen über die Weihnachtsfeiertage Di–So 11–22, Küche bis 21.30 Uhr, Gerichte 9–17 €

Schaprode 🕮 B 5

Hübsche Reetdachhäuser drängen sich um eine imposante Kirche. Viele der 600 Einw. bieten Zimmer an und der Campingplatz lockt mit Meerblick. Doch wirklich begehrt sind die Parkplätze an der Fähre.

St. Johannes ist die drittälteste Kirche Rügens, erbaut zu Beginn des 13. Jh. Ende des 15. Jh. war sie eine Wallfahrtskirche. In dieser Zeit entstand die imposante spätgotische Triumphkreuzgruppe auf dem Lettnerbalken. Barock sind Kanzel, Beichtstuhl, Altaraufsatz

Vorsicht: Schnatternde und zischende Gänse schlagen Besucher an einsamen Gutshöfen gerne in die Flucht.

und Taufe. Am Dorfausgang Richtung Poggenhof steht eine alte **Mordwange** zum Gedenken an den Knappen Reinwart von Platen. Er wurde 1368 in Schaprode erschlagen. Für die Reisenden nach Hiddensee stehen in Schaprode zwei große Parkplätze zur Verfügung, einer direkt am Fährhafen, der andere am Dorfausgang. Für den kleinen Hunger bietet sich der **Imbiss-Pavillon** am Fähranleger an: Hier gibt es leckere Fischbrötchen und andere Kleinigkeiten. Vor dem Hafen liegt die kleine Insel **Öhe.**

Garantiert lecker und gemütlich

Schillings Gasthof und Hofladen

Auf den Salzwiesen der Öhe grasen die Rinder und Schnucken der Familie Schilling, die als Leckerbissen ihren Weg auf den Teller oder in die Regale des Hofladens finden, ebenso wie manch andere regionale Spezialität der Insel.

Hafenweg 45, T 038309 12 16, www.schillings-gasthof.de, in der Saison Gasthof ab 12, Hofladen Mi–Sa 8–19, So–Di 8–17 Uhr

Infos

Parken: Parkplätze direkt am Fährhafen bzw. am Dorfausgang, Pkw 4 €/Tag, bei längerem Aufenthalt 3 €/Tag
Mini-Bahn Hafenexpress: vom Parkplatz zum Fähranleger 1 € p. P.
Fähre Schaprode–Hiddensee: ab 18,30 € (Tagesrückfahrkarte), 22 € (Mehrtagesrückfahrkarte) nach Vitte/Kloster/Neuendorf

Hiddensee

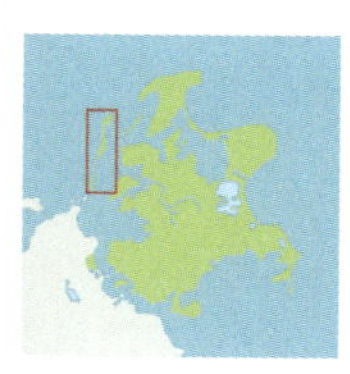

Oh, sötes Länneken! Du süßes Eiland – so schwärmen Hiddensee-Fans. Und wirklich, die Insel ist fast ein Robinson-Traum: autofrei und so schmal, dass das Meer fast immer in Hörweite bleibt. Nur nicht ganz so einsam. Ein erhabenes Gefühl stellt sich ein, jedes Mal, wenn man vom Leuchtturm auf dem Dornbusch die ganz Insel überblickt: von der Anhöhe mit windzerzausten Kiefern hinunter zu den Wiesen, in denen fünf Orte nur durch schmale Wege verbunden sind – und dazwischen die raue Dünenheide. Weitab von der Welt baumelt die Seele frei zwischen Himmel und Wellen. Das wissen gerade im Sommer viele zu schätzen.

Vitte 🕮 B 4

Künstler und Großstädter waren entzückt, als sie das abgeschiedene Hiddensee Ende des 19. Jh. ›entdeckten‹. Es war diese gewisse Mischung aus landschaftlicher Schönheit und meditativer Stille, die Poeten, Maler und Schauspieler anzog. Und so entstanden auch im Fischerdorf Vitte neue Urlaubsdomizile, von denen einige bis heute überdauert haben.

Vitte wurde 1513 zum ersten Mal als Ort mit 24 Katen erwähnt. Ein bisschen zugelegt hat er über die Jahrhunderte: Mit ca. 600 Einwohnern ist es der größte Ort der Insel. Hier gibt es eine Sparkasse, eine Post und einen Supermarkt, einen Kindergarten, eine Grund- und Realschule sowie eine Arztpraxis. Zahlreiche Tagesausflügler setzen im Sommer von Schaprode nach Vitte über. Auf der befestigten Straße nach Neuendorf lässt es sich entspannt entlang der Heide in den Inselsüden radeln (▸ S. 102).

WAS TUN IN VITTE?

Das Letzte seiner Art

Zu den berühmten Wahl-Insulanern Hiddensees gehört Henni Lehmann. 1907 veranlasste die Berliner Malerin mit ihrem Mann, dem Juristen Karl Lehmann, den Bau einer Sommervilla, des **Henni-Lehmann-Hauses** (Wiesenweg 2). Bis zum Bau des Deiches in den 1960er-Jahren lag das Sommerhaus, das an eine Fischerkate erinnern soll, direkt am Bodden. Henni Lehmann rief mit dem Pastor Arnold Gustavs den Natur- und Heimatschutzbund Hiddensee ins Leben und gründete 1920 mit der Malerin Clara Arnheim den Hiddenseer Künstlerinnenbund. Als konvertierte Jüdin litt sie unter dem Antisemitismus in den Badeorten. 1935 war sie deshalb zum letzten Mal auf der Insel. Zwei Jahre später nahm sie sich das Leben. In ihrem Haus befindet sich heute das **Haus des Gastes** mit Bibliothek sowie Veranstaltungs- und Ausstellungsräumen. Um ein Atelier und Ausstellungsräume für Malerinnen anzubieten, kaufte Henni Lehmann die Bauernkate neben ihrer Villa, die **Blaue Scheune** (Norderende 170). Das um 1800 erbaute schornsteinlose Rauchhaus ist auf der Insel das letzte dieser Art. An der Gartenpforte des Wohnhauses informiert ein Schild über die Zeiten, zu denen Besucher willkommen sind.

Zwei Häuser von Taut

Außerhalb von Vitte auf dem Weg nach Kloster stehen zwei kleine Häuser in den Wiesen. Das vordere der beiden Architektenhäuser kaufte 1928 der dänische Stummfilmstar Asta Nielsen. Bis 1936 führte sie hier im Sommer ein offenes Haus: Joachim Ringelnatz und Gerhart Hauptmann zählten zu ihren Gästen. Sie nannte es liebevoll **Karusel**, der Name steht heute noch über der Eingangstür. Zwei diagonal gegenüberliegende abgerundete Ecken, umlaufende weiße und blaue Streifen sowie mehrere abgerundete Gauben in dem rot leuchtenden Schindeldach geben dem quadratischen Bau seine dynamische Anmutung. Der Architekt Max Taut entwarf das Haus 1922 als erstes von vier Gebäuden, die er in vier Jahren auf Hiddensee nacheinander

Ein Tipp für Fans der Seebühne ist das dazugehörige **Puppenmuseum Homunkulus:** Die Figuren und Bühnenbilder erzählen von all den Stücken, die in den vergangenen 30 Jahren aufgeführt wurden. Cappuccino oder Espresso gibt's auch … Im Winter: Lesungen und (Kino-)Veranstaltungen. Ein Blick ins Programm lohnt sich (gegenüber dem Buchladen Koralle mit seiner liebevollen Auswahl gehobener Urlaubslektüre, Norderende 202, www.homunkulus.de, 1 €).

Wenn der Tag geht, kehrt nach ausgiebigen Strandspielen und Badefreuden Ruhe ein am langen Weststrand bei Vitte.

baute (Zum Seglerhafen 7, T 038300 642 29, Öffnungszeiten, Führungen und Veranstaltungen unter www.asta-niel sen-haus.de, 2,50 €).
1923 realisierte Max Taut einige Meter weiter einen zweiten Entwurf. Das nach Westen tief herabgezogene Ziegeldach von **Haus Weidermann** (Zum Seglerhafen 13) erinnert an die klassische Schlechtwetter-Kopfbedeckung der Fischer und Seeleute, nach Osten, zum Bodden hin, öffnet sich das Haus einladend mit einer verglasten Veranda. Das gelb und weiß gestrichene Haus verkaufte der Auftraggeber Karl Weidermann schon 1939 an die Familie Delius. Auch heute befindet sich das Gebäude in Privatbesitz. Zwei weitere Häuser nach Tauts Entwürfen sind heute noch in Kloster zu sehen (Biologenweg 3 und 5).

Infos unterm Reetdach

Hiddensee gehört zum Nationalpark Vorpommersche Boddenlandschaft. Am Ortsrand von Vitte am Weg nach Kloster informiert das **Nationalparkhaus** über die auf der Insel lebenden Vögel und die verschiedenen Lebensräume. Interessant: der aufstrebende Dachfirst des großen Reetdachhauses. Am Haus beginnt der Natur-Erlebnispfad »de lütt Küst«.

Norderende 2, T 0383 006 80 41, April–Okt. tgl. 10–16, Nov.–März 10–15 Uhr, Eintritt frei

Wieder da!

Das Grundstück im Kinowäldchen in Vitte, auf dem das legendäre **Zeltkino** stand, wurde verkauft und die Zukunft der Spielstätte war lange ungewiss. Nun gibt es wieder ein Insel-Arthouse-Kino mit Vorträgen, Tanz- und Gesangsveranstaltungen.

Achtern Diek 21, im Hafen von Vitte (hinter der Tourist-Info), T 038300 642 29, (Kinder-)Filme und Kabarett: www.zeltkinohiddensee.de

Wo die Puppen tanzen

Die **Seebühne Hiddensee,** das anrührende und fantasievolle Kammertheater des Schau- und Puppenspielers Karl Huck, ist im Sommer Tage im Voraus ausgebucht. Rechtzeitig an Karten denken – neben der Tür hängt eine Liste zum Eintragen!

Wallweg 2, T 038300 605 93, www.hiddensee buehne.de

Auf dem Rad entlang der Heide – **von Vitte nach Neuendorf**

Auf der Insel gibt es zwar keine Autos, aber einen ›Highway‹ – für Fahrräder. Von der Inselhauptstadt Vitte führt die einzige geteerte Straße vorbei an der wildromantischen Dünenheide ins verträumte Neuendorf, ein Ort wie aus einem Astrid-Lindgren-Roman.

Platz für Ihren Drahtesel hat die Fähre von Schaprode nach Hiddensee. Schnell noch ein Fischbrötchen am Anleger, dann geht es auch schon los – auf zu Rügens kleiner Schwester, dem Söten Länneken, dem süßen Ländchen, wie die kleine Insel von ihren Freunden liebevoll genannt wird. Mit dem Fahrrad geht es vom **Vitter Hafen** 1 dann auf der Straße Achtern Diek aus dem Hafen hinaus und hinterm Deich nach ein paar Metern links auf dem Wiesenweg Richtung Süden immer geradeaus. Wiesen ziehen sich bis zum Boddenufer, der Blick kann hier weit schweifen.

Badesachen nicht vergessen! Der nächste Strand ist immer gleich um die Ecke.

Wenn die Glockenheide mit dem Sonnentau …

Rechter Hand, Richtung Seeseite, wird die Landschaft rauer: Sandige Hügel, Heidekraut und die eine oder andere Kiefer zeigen sich nun. Wo im frühen Mittelalter ein Kiefern-Birken-Eichenwald wuchs, blüht heute im Spätsommer die Besenheide. Die offene Landschaft entstand ab dem 14. Jh.: Siedler und Fischer rodeten die Bäume zur Gewinnung von Bau- und Feuerholz, auch das Leuchtfeuer im Süden der Insel und die Klosteranlage im Norden kamen ohne Holz nicht aus – bis die Bodenkrume schwand und der nackte Sand zum Vorschein kam. Ein Paradies für anspruchslose Pflanzen wie Krähenbeere, Dünenveilchen und Rentierflechte. Senken, in denen sich Wasser sammelte, wurden bald von Glockenheide und Sonnentau besiedelt.

Sandige Wanderpfade durchziehen die weite Landschaft. Um den Charakter des Naturraums zu erhalten, weiden wieder Pommersche Landschafe und einige Ziegen in dem von Kreuzottern bewohnten Gebiet. Nach 2,5 km kommt das Hotel **Heiderose** ❶ in den Blick. Hinter dem Haus bietet die Restaurant-Terrasse im üppig begrünten Obstgarten Gelegenheit zur Rast. Wie wäre es mit einem Spaziergang durch die malerische Heidelandschaft? Bis zum weißen Sandstrand an Hiddensees Westseite ist es nicht mal 1 km.

Bullerbü lässt grüßen

Weiter rollen die Räder nach **Neuendorf** 2 bis die ersten weißen Häuser auftauchen: Wie Perlen an einer Schnur stehen sie auf west-östlich verlaufenden Wällen zum Schutz gegen die Sturmflut, mit den Wohnstuben nach Süden zur Sonne ausgerichtet. Schmale Wege und Trampelpfade zeichnen sich im hohen Gras zwischen den denkmalgeschützten Reetdachhäusern ab, die gut ohne eingezäunte Vorgärten auskommen. Ganz ab von der Welt, möchte man meinen. Doch es gibt einen kleinen Hafen, wenige Gaststätten und eine Handvoll Ferienhäuser in der Idylle zwischen den Wiesen.

So abgeschieden liegt Neuendorf, dass sich der Dialekt seiner Bewohner, der Süder, von dem der anderen Insulaner unterscheidet.

INFOS/ÖFFNUNGSZEITEN

Reederei Hiddensee: www.reederei-hiddensee.de, T 03831 26 81 16, fährt das ganze Jahr zwischen Schaprode und den Inselhäfen Vitte (19,20 €), Neuendorf und Kloster, in der Saison auch ab Stralsund, Dranske und Wiek. Ein Bus fährt von Vitte/Wallweg in 15 Min. bis nach Neuendorf/Hafen, Tageskarte 4,50 €.

ROSIGER GENUSS

Wer sich hungrig geradelt hat, den lockt ab Himmelfahrt Gegrilltes im Garten der Hotelanlage **Heiderose** ❶: Ab Himmelfahrt Sa und in der Saison auch Mi ab 16 Uhr kommen hier Fisch und Fleisch auf den Rost. Im Restaurant serviert man bodenständige regionale Küche (In den Dünen 127, T 038300 630, www.heiderose-hiddensee.de, April–Nov. 10–22 Uhr, DZ ► S. 109. Für den süßen Abschluss der Tour empfehle ich das **Café Rosi** ❷ (► S. 109).

Faltplan: B 4/5

SCHLEMMEN, SHOPPEN, SCHLAFEN

In fremden Betten

Traditionshaus
Hotel und Gaststätte Godewind
Das stilvolle Haus ist ganzjährig geöffnet, im Winter ist die Sauna angenehm. Das gemütliche **Restaurant** ist bekannt für seine regionale und mediterrane Küche (tgl. ab 12 Uhr, Gerichte 10–30 €).
Süderende 53, T 038300 66 00, www.hotelgodewind.de, DZ mit Frühstück 105–139 €, FeWo für 2–5 Pers. 125–159 €, DZ mit Etagendusche und -WC 69 €

Satt & glücklich

Im Versteck
Restaurant Buhne XI
Direkt hinter den Dünen auf der kleinen Terrasse schmecken der Fisch, die Sanddornspezialitäten und die leckeren Eisbecher. Bei schlechtem Wetter ist es drinnen maritim-gemütlich.
Norderende 104 a, T 038300 299, www.hiddensee-buhne11.de, Ende März–Ende Okt. und über Silvester tgl. 11–22 Uhr, Gerichte 11–20 €, auch Zimmervermietung

Stöbern & entdecken

Prima Dosenfisch
Hiddenseer Kutterfisch
Feine Kost aus hiesigem Fang bietet der Verein lokaler Fischer, die sich zusammengetan haben, um mit dem Konserven-Laden heimische Produkte zu vermarkten.
Wiesenweg 8, T 038309 12 16, www.hiddenseer-kutterfisch.de, in der Saison tgl. 12–17 Uhr

Sport & Aktivitäten

Inselgeschichte(n)
Unterwegs mit Marion Magas
Per Rad durch die Inselgeschichte gen Süden, kunst- und kulturgeschichtlicher Heidespaziergang zu den Malweibern oder den Wissenschaftlern auf der Insel, eine Wanderung durch die Hiddenseer DDR-Geschichte. Oder doch lieber auf dem Sofa über die Insel und ihre Gäste schmökern? Die acht Bücher von Marion Magas sind Futter für Leseratten.
Infos zu den Themenführungen unter T 0160 328 74 84, www.hiddenseekultur.de

INFOS & TERMINE

Insel Information Hiddensee: Achtern Diek 18 a (am Hafen), T 038300 60 86 84, www.seebad-hiddensee.de, www.hiddensee.m-vp.de, Mai–Okt. Mo–Fr 9–18, Sa/So 9–13, im Winter Mo–Sa 10–13 Uhr.
Palucca-Woche: im Juli, Tanzimprovisationen in Vitte, Kloster und Grieben, www.palucca-schule-dresden.de; Programm: www.seebad-hiddensee.de/kulturelles/aktuelle-termine
Asta-Nielsen-Tage: Anfang Sept., www.asta-nielsen-haus.de. Ausstellungen, Führungen und Filme rund um das Leben des Stummfilm-Stars

Kloster 🕮 B 4

Der Kirchweg ist die sandige Lebensader des Ortes: Pferdefuhrwerke, Fahrradfahrer und Fußgänger begegnen sich auf dem Lehmpfad, an dem sich schmucke Häuschen in üppig grüne Vorgärten ducken. Bäume beschatten die Flaneure, die zum Hafen oder zu den Höhenwegen am Leuchtturm schlendern.

Seit über 100 Jahren zieht es Erholungssuchende in das wohl schönste Dorf der Insel. Doch das namengebende Zisterzienserkloster sucht man vergeblich. Geblieben ist die **Kirche** (Kirchweg 35), die die Mönche im 14. Jh. am Fuß des Dornbuschs für die Inselbewohner bauten.

Rosenhimmel und berühmte Tote
Seit den Tagen seiner Einweihung im Jahr 1332 hat das **Kirchlein** sein Aussehen

mehrfach verändert: Der Vorbau mit Glocke steht so seit 1700. Seit 1920 leuchtet es von der hölzernen Gewölbedecke farbenfroh auf hellblauem Grund: Der Berliner Maler Niemeier zauberte die zarten Rosen an den Himmel. Auf dem **Friedhof** stehen die Hausmarken auf den Grabsteinen für eine alte Tradition: Die runenähnlichen Striche bezeichnen einen Hof. Neben Gerhart Hauptmann fand auch Gret Palucca, Ausdruckstänzerin und Tanzpädagogin aus Dresden, 1993 hier ihre letzte Ruhe.

Zuhause für Blumen und Fremde

Über die berühmten Besucher der Insel und über das Leben der Fischer und Bauern informiert die Dauerausstellung im **Heimatmuseum Hiddensee.** Mein Lieblingsexponat in der ehemaligen Seenotrettungsstation ist der ›Blumentisch‹, der die aktuell blühenden Pflanzen auf der Insel anzeigt. Daneben gibt es auch Bernstein und Fossilien zu sehen.

Kirchweg 1, T 038300 363, www.seebad-hiddensee.de, tgl. 10–16, im Winter 11–15 Uhr, Erw. 5 €, mit Kurkarte 3,50 €, Familienkarte 9 €

Altmodisch gediegen

Hotel Hitthim

Erstes Haus am Platz ist seit 1907 das sympathische Hotel am Hafen mit Blick aufs Wasser. Das gemütliche **Restaurant** überzeugt auch mit seiner schönen Terrasse im Grünen (tgl. ab 12 Uhr).

Hafenweg 8, T 038300 500 70, www.hitthim.de, DZ 110–160 €, FeWo 2–5 Pers. 105–140 €/Tag

Geschichte aufgemöbelt

Lietzenburg

Der Maler und Industrielle Oskar Kruse baute das großzügige Sommerhaus 1904 im englischen Landhausstil und nannte es nach seinem Heim in der Berliner Lietzenstraße. Hier weilten u. a. Gerhart Hauptmann, Albert Einstein, Friedrich Wilhelm Murnau, Billy Wilder, Friedrich Hollaender. Nach dem Tod von Oskar Kruse 1919 übernahm sein Bruder Carl Max und später dessen Ehefrau, die Puppenmacherin Käthe Kruse, die Lietzenburg. Das Gebäude wurde denkmalgerecht saniert und hat sechs Ferienwohnungen.

Engelchen flieg! – unter blau-rosigem Gewölbehimmel in Klosters Kirchlein

Wiesenweg 4 a, T 038300 608 60, Buchung über Hiddenseeservice, www.hiddenseeservice.de, 2–4 Pers. 95–160 €/Nacht

Sympathisch

Café Wieseneck

Die Pension ist eines der ältesten Gasthäuser auf der Insel, das farbenfroh renoviert wurde. Hierher kommt man gern.

Kirchweg 18, T 038300 316, www.wieseneck-hiddensee.de, DZ mit Frühstück 70–95 €, 17 Zimmer, Restaurant mit regionaler Küche ab 10 Uhr ▸ S. 107

Mit Freud und Einstein auf Du!

Literarischer Spaziergang

Die Autorin Ute Fritsch lädt ein zu Begegnungen mit Künstlern und historischen Persönlichkeiten (1885–1933). Ob Sigmund Freud, Billy Wilder, Else Lasker-Schüler oder Thomas Mann – sie kamen alle nach Hiddensee.

Termine: T 0170 412 52 77, www.kuenstlerinsel-hiddensee.de und www.seebad-hiddensee.de

Infos & Termine

Hafencenter: Hafenweg 15, T 038300 60 86 85, Mai–Okt. Mo–Fr 9–16, Sa/So 10–12.30 Uhr

Konzerte und Lesungen: im Hauptmann-Haus, Programm erhältlich im Museumsladen, Kirchweg 13

Literarische Sommerfrische reloaded – **Hauptmanns Kloster**

Als Gerhart Hauptmann 1885 zum ersten Mal nach Hiddensee kam, ahnte er nicht, dass er hier mehr als 60 Jahre später seine letzte Ruhe finden würde. Viele Künstler besuchten die abgeschiedene Insel in der ersten Hälfte des 20. Jh., aber wohl keiner war ihr so verbunden wie der deutsche Dramatiker und Schriftsteller, der 1912 den Literaturnobelpreis erhielt.

Zahlreiche Sommer verbrachte Hauptmann auf der Insel, doch erst 1930 – er war schon 68 Jahre alt – ließ er sich auf ihr nieder und kaufte **Haus Seedorn** 1 in Kloster. Von 1926 bis 1928 hatte er das Haus, das 1920 von dem Berliner Fabrikanten Modler gebaut worden war, bereits als Mieter bewohnt.

Kunst im Treppenhaus: Hauptmann sammelte Werke von Emil Orlik, Ludwig von Hofmann, Georg Kolbe und August Saul.

Bei Hauptmanns to Huus

Als warte die Villa nur auf den Beginn der nächsten Saison, ist alles noch so wie 1943, als Gerhart Hauptmann hier zum letzten Mal den Sommer verbrachte: Von der verglasten Veranda geht es in die Diele. Hier befand sich der Tagesraum, das Reich von Margarete, seiner zweiten Ehefrau. Ein kreuzgangähnlicher Flur verbindet das Haus mit dem Anbau, der extra für das geräumige Arbeitszimmer errichtet wurde. Ein Blick hinein gibt einen Eindruck vom Schaffen des großen Dramatikers: Der Raum wird dominiert vom Schreibtisch, dem Stehpult und der Bücherwand, auch die Medaille zum Nobelpreis findet sich hier. Im Gesellschaftszimmer nebenan saß ihm abends Margarete in dem großen Ohrensessel gegenüber. Gemeinsam mit Freunden leerten sie an dem runden Tisch so manche Flasche Wein aus seinem gut gefüllten Weinkeller. Im ganzen Haus hängen und stehen Kunstwerke. Die Schlafzimmer für ihn und Margarete im ersten Stock nehmen sich dagegen klein aus. Interessant sind die Notizen, mit denen Hauptmann auf der Wand noch im Bett Gedanken aus Nacht und Morgen festhielt.

Es kann nur einen geben

Bei seinem ersten Besuch 1885 übernachtete Hauptmann im Gasthof Schlieker in Kloster, neben dem heutigen Apartmenthaus Dornbursch. Noch 1904 gab es nur neun Wohnhäuser im Ort. Im selben Jahr erbaute der Maler und Industrielle Oskar Kruse sein großzügiges Sommerhaus, die **Lietzenburg** 2 (► S. 105). Mit ihm begann der Aufstieg Hiddensees zur Sommerfrische der Berliner Künstler- und Intellektuellenszene, die sich bei ihm einfand. 1916 bis 1920 war Hauptmann hier Gast. 1921, 1923 und 1924 zog Hauptmann nur einige Hausnummern weiter in der **Pension Haus am Meer** 3 ein (Zum Hochland 17, nicht zu besichtigen), wo 1924 zur selben Zeit auch Thomas Mann logierte. Doch die Insel schien fast zu klein für zwei so berühmte Dichter. Katia Mann befand über den Aufenthalt als »etwas verdrießlich«, Hauptmann sei »dermaßen eindeutiger König, dass für uns dort wenig Aufmerksamkeit abfiel ...«

Seine 1916 begonnene Erzählung **Die Insel der großen Mutter** hätte er wohl nie geschrieben, berichtete Gerhart Hauptmann, hätte er nicht jahrelang auf Hiddensee »die vielen schönen, oft ganz nackten Frauenkörper gesehen und das Treiben dort beobachtet.«

Letzte Station Hiddensee

Gerhart Hauptmann starb 1946 vor seiner Ausweisung nach Deutschland in Agnetendorf in Schlesien, das nach dem Zweiten Weltkrieg zu Polen gehörte. Margarete veranlasste mit sowjetischer Unterstützung, dass er auf dem Friedhof von Kloster begraben werden konnte.

INFOS/ÖFFNUNGSZEITEN

Haus Seedorn/Gerhart-Hauptmann-Haus 1: Kirchweg 13, T 038300 397, www.hauptmannhaus.de, Mai–Okt. Mo–Sa 10–17, So 13–17 Uhr, Nov.–April kürzer, Erw. 6 €, Kinder 4 €

LECKER BODDENBLICK

Café Wieseneck 1: Kirchweg 18, T 038300 316, www.wieseneck-hiddensee.de, mit WLAN, Gerichte 11–18 €. Der Blick schweift bei guter regionaler Küche weit über die Wiesen bis zum Bodden.

Faltplan: B 4

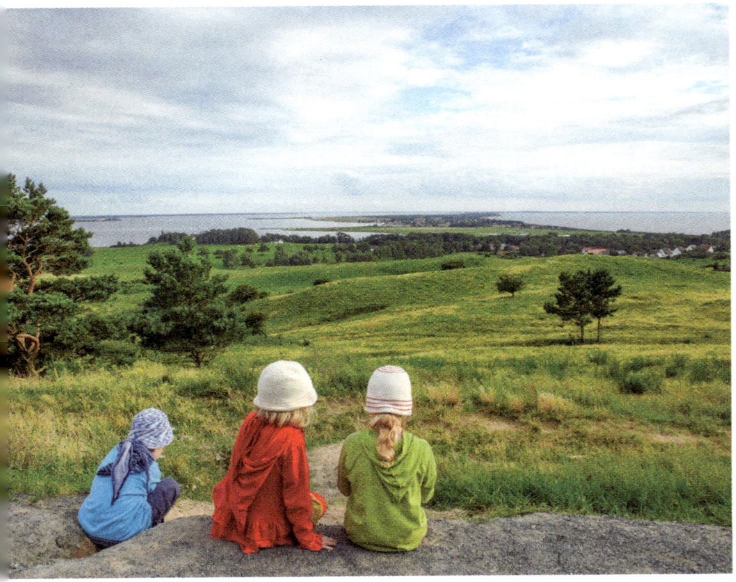

Kein Kinderspiel ist der Aufstieg zum Leuchtturm! Doch wer als Erster oben ist, fühlt sich – bei der Aussicht – zu Recht als König der Welt!

Dornbusch 🕮 B 3

Bei jedem seiner Besuche auf Hiddensee soll Gerhart Hauptmann zuallererst auf den Dornbusch gestiegen sein. Auch mich begeistern die unterschiedlichen Stimmungen auf der windumtosten Anhöhe zu jeder Tages- und Jahreszeit.

Der große Rundumblick

Ein Plattenweg führt hinauf auf die 72 m hohe Anhöhe **Schlucks Wiek,** Dort steht der imposante 28 m hohe **Leuchtturm.** Der ursprünglich runde Ziegelbau wurde 1888 eingeweiht. Von oben geht der Blick weit über Meer und Bodden bis hin zum Bug und nach Wittow. Ganz Hiddensee lässt sich von hier aus überblicken. Mehrere Wanderwege durchziehen das Hochland, führen durch den Kieferwald und über die mit Büschen bewachsenen Hänge. Aufgetürmt während der Weichseleiszeit, hält der Endmoränenkern den Süßwasserspeicher der Insel. Zur Boddenseite unterhalb des Kliffs wächst der **Bessin:** Diese zweiarmige Landzunge steht bis auf einen Wanderweg größtenteils unter Naturschutz.

Leuchtfeuer Dornbusch, T 038300 504 56 (geöffnet bis Windstärke 6, Infos über Öffnungszeiten bei der Insel-Information Hiddensee, T 038300 60 88 85), Mai–Ende Okt. tgl. 10.30–16 Uhr, Winteröffnungszeiten über www.seebad-hiddensee.de, Erw. 3 €, Familienkarte 7,50 €, Kinder unter 6 Jahren haben aus Sicherheitsgründen keinen Zutritt

Auf dem Dornbusch

Zum Klausner

Das einzige (!) Restaurant in der Nähe des Leuchtturms liegt romantisch an der Steilküste im Wald, der Blick geht von der Wiese am Haus bei der Treppe zum Strand weit übers Meer. Auf der großen Terrasse schmeckt nach dem Aufstieg die kühle Erfrischung noch mal so gut.

Dornbuschwald 1, T 038300 66 10, www.klausner-hiddensee.de, Mai–Sept. tgl. 11–22, warme Küche bis 20.30, Okt.–April 11–18 Uhr, mit Beginn des Eisfahrplans der Fähre im Winter geschl., Gerichte 11–20 €; DZ/Apartment mit Frühstück 100–130 €

NACH GRIEBEN

Der älteste Ort auf Hiddensee heißt **Grieben** (🕮 B 3/4), der Namen kommt möglicherweise vom slawischen Wort Grib – das heißt Pilz. 1297 wurde Grieben zum ersten Mal urkundlich erwähnt. Nur eine Handvoll Häuser steht an der dem Wind abgewandten Seite des Dornbuschs zwischen Wiesen und Feldern nah am Bodden. Es ist der einzige Ort auf Hiddensee ohne eigenen Hafen.

Neuendorf/ Plogshagen 🕮 B 5

Geträumte Kindheit: Kleine Häuser stehen wie hingepurzelt in Wiesen ohne Zäune – und dazwischen flattert die Wäsche auf der Leine vor reichlich blauem Himmel. Abgeschieden liegen die beiden Dörfer am südlichen Zipfel von Hiddensee. Das nur 6 km von Vitte entfernt und fast in einer anderen Zeit.

Über das flache Land führt eine Straße zu dem kleinen **Hafen** von **Neuendorf.** Hier gibt es neben der Gaststätte einen Imbiss und einen Fahrradverleih. Trampelpfade schlängeln sich zwischen den vereinzelten denkmalgeschützten Häusern durch das hohe Gras (▸ S. 102). Weiter südlich gehören die Häuser in den Wiesen zu **Plogshagen.** In beiden Dörfern gibt es Ferienwohnungen und auch manche Gaststätte. Ansonsten finden Urlauber hier viel Ruhe inmitten einer einsamen Naturlandschaft: nach Norden die Heide, im Süden erstreckt sich einige Kilometer weit der **Gellen,** eine flache unbewohnte Landzunge. Ein sandiger Pfad führt über 8 km bis zum 10 m kleinen **Süderleuchtturm.** Hier beginnt das Vogelschutzgebiet auf dem Schwemmland, das nicht betreten werden darf.

Wirklich kein Seemannsgarn

Im alten Reusenschuppen des **Fischereimuseums Lütt Partie** wurde eine Ausstellung von Neuendorfer Fischern eingerichtet und gestaltet. Bei Führungen geben Zeitzeugen Auskunft zu Garnen, Netzen und wie sich der Beruf des Fischers im Laufe der Zeit gewandelt hat.

Pluderbarg 7, Neuendorf, T 038300 642 37, Mai–Okt. Mo–Sa 14–17, Führungen: Mo, Fr 11–12 Uhr, kurzfristige Änderungen möglich. Gerade noch in Sichtweite steht die Groot Partie, ein Museum zu Heringen und dem Alltag der Fischer auf Hiddensee, Königsbarg 10, T 038300 60 35 70, in der Saison Mo–Sa 12–16 Uhr, mit Café-Betrieb

Erikas Idylle

Hotelanlage Heiderose

Allein inmitten von weiten Heideflächen trägt das sympathische Hotel seinen Namen zu Recht. Wie in einem kleinen Dorf stehen 19 reetgedeckte Apartmenthäuser (mit 2 FeWo für jeweils 2–4 Pers.) locker verteilt um das Haupthaus. Mit Fitnessraum, Sauna, Shiatsu-Praxis und Fahrradverleih. Ein gutes Restaurant gibt es auch: ▸ S. 103.

In den Dünen 127, Vitte, T 038300 630, www.hiddensee-heiderose.de, DZ mit Frühstücksbuffet 83–119 €, FeWo/Apartment 100–145 €/Tag

Eis und heiß

Gasthaus und Café Rosi

Hier soll es den größten Eisbecher der Insel geben, auf jeden Fall schmecken Sturmsack und versunkener Schokostreuselkuchen.

Pappelallee 11, Neuendorf, T 038300 501 68, www.gasthaus-cafe-rosi.de, April–Okt. 11.30–21 Uhr, 11–20 €

Matrosen, Ahoi!

Gaststätte und Pension Zur Boje

Die gemütliche Kneipe ist dem Inneren eines Schiffes nachempfunden, mit Speisen von Frühstück bis Fisch.

Königsbarg 18, Neuendorf, T 038300 65 20, www.zur-boje-hiddensee.de, Restaurant 8–22, warme Küche 11–21 Uhr, im Winter verkürzte Öffnungszeiten, 11–19 €, DZ mit Frühstück 90 €

Termin

Inselschwimmen: Ende Juli, von Neuendorf nach Schaprode mit Hafenfest, www.samtens.dlrg.de

Hin & weg

ANREISE

Mit dem Auto
Urlauber aus dem Süden erreichen Rügen mit dem Pkw über die A 9 via Nürnberg–Berlin. Ab Berlin führt dann die A 19 nach Rostock. Von dort geht es auf der A 20 oder der B 105 bis Stralsund. Wer aus dem Westen anreist, kommt auf der A 1 über Hamburg in den Norden, um in Lübeck auf die A 20 zu wechseln, die die gesamte Ostseeküste bis Stettin erschließt.
Von Stralsund aus quert eine Hochbrücke den Strelasund. Alternativ gibt es die alte Zugbrücke (Ziegelgrabenbrücke), sie öffnet sich mehrmals tgl. für den Schiffsverkehr: 5.20, 8.20, 12.20, 15.20, 17.20 und 21.30 Uhr für je 20 Min. Eine Autofähre von Stahlbrode bei Stralsund verkehrt von Mai–Anfang Sept. nach Glewitz, mit Anbindung an die B 96 im Süden von Rügen, tgl. 6–21 Uhr alle 20 Min.

Mit der Bahn
Die Anfahrt von München aus dauert rund 10,5 Stunden. Nach der Reise mit dem ICE bis Hamburg geht es im IC weiter nach Stralsund. Während der Hauptsaison fährt der ICE auch direkt von München über Nürnberg, Leipzig und Berlin nach Binz. Von Stralsund gibt es eine stündliche Regionalverbindung über Bergen nach Binz und weiter nach Sassnitz. Berliner brauchen für die Fahrt nach Stralsund 3 Stunden im Regionalexpress.

Mit dem Flugzeug
Der nächste internationale Flughafen ist Rostock/Lage mit Direktverbindungen von München (Lufthansa) und Stuttgart.

INFORMATIONSQUELLEN

Tourismuszentrale Rügen: Circus 16, 18581 Putbus, T 03838 80 77 80, www.ruegen.de, Mo–Fr 9–17, im Sommer auch Sa 9–15 Uhr
Insel-Information Hiddensee: Achtern Diek 18 a (am Hafen), 18565 Vitte, T 038300 60 86 84, www.seebad-hiddensee.de

Nur nicht so eilig: Die Lichtverhältnisse auf den Alleestraßen sind bei Sonnenschein oft schwierig und die Fahrbahnen schmal.

Im Internet
www.ruegen-hiddensee.de: Tipps zum Thema Kunst und Kultur
www.ruegen-aktuell.de: aktuelle Veranstaltungshinweise
www.biosphaerenreservat-suedostruegen.de: Führungstermine durch die Schutzgebiete zum Download
www.vvr-bus.de: Seite der Verkehrsgesellschaft Vorpommern-Rügen mbH
Rügen-App: einmal heruntergeladen, ist sie auch offline zu benutzen; kostenlos

KLIMA & REISEZEIT

Sonne und Wind bestimmen das Klima auf Rügen. Deutschlands größte Insel gehört mit 1850 Sonnenstunden im Jahr zu den sonnigsten Regionen im Land. Badeurlauber bevölkern die Insel im Juli und August, doch auch die Nebensaison hat ihre Reize: Für sportliche Outdoor-Aktivitäten wie Wandern und Radfahren bieten sich die Monate Mai und September an. Im Frühling und Herbst kann es an der Küste zu heftigen Stürmen kommen (www.mv-wetter.info).

KURTAXE

Rügenurlauber zahlen in den Badeorten pro erwachsene Person eine Kurtaxe, in der Hauptsaison zwischen 1 und 2,80 €, Kinder sind frei. Ermäßigungen gibt es für Schwerbehinderte und in manchen Orten für Senioren. Im Mönchgut können die Feriengäste aus Sellin, Baabe, Göhren und Putbus kostenlos mit ihrer Kurkarte die Bäderschiffe der Weißen Flotte nutzen: ab Hafen Sellin, Baabe, Gager, Thiessow oder Lauterbach.

REISEN MIT HANDICAP

Barrierefreie Unterkünfte auf Rügen sind im Internet gelistet unter www.barrierefrei.m-vp.de und im Gastgeberverzeichnis von www.ruegen.de. Bei Anreise mit der Deutschen Bahn ist der Bahnhof Bergen mit dem Rollstuhl erreichbar. In Binz gibt es während der Saison eine Hebebühne für den Ausstieg mit dem Rollstuhl.
Über barrierefreie Unterkünfte, Museen, Strandzugänge und Toiletten informiert eine Adressenliste der Tourismuszentrale Rügen in Putbus (► S. 110).

IM NOTFALL

Rettungsleitstelle in Stralsund: T 112
Honorarkonsulat der Republik Österreich: Am Campus 1–11, Rostock-Bentwisch, T 0381 64 91 22, rostock@honorarkonsul.at
Schweizer Botschaft: Otto-von-Bismarck-Allee 4 a, 10557 Berlin, T 030 390 40 00, ber.vertretung@eda.admin.ch, www.eda.admin.ch/berlin
Karten sperren: T 116 116
Giftinformationszentrum GIZ-Nord: T 0551 192 40
ADAC-Pannenhilfe: Festnetz T 0180 222 22 22, mobil (ohne Vorwahl) T 22 22 22

SPORT & AKTIVITÄTEN

Angeln
Keine Hektik, kein Stress. Beim Angeln kommt die Erholung schon fast von allein. Wer auf Rügens fischreichen Boddengewässern die Angel auswirft, muss den Fischereischein und eine gültige Angelerlaubnis dabei haben. Hobby-Angler haben die Möglichkeit, in den Gemeinden für 20 € einen Touristenangelschein zu erwerben. Weitere Infos bietet die Tourismuszentrale Rügen in Putbus (► S. 110) mit einen Angelführer für Rügen (14,90 €). Einige Fischkutter bieten Hochseeangeltouren an. Infos gibt es beim Tourist-Service Sassnitz (► S. 72).

Baden
Viel Sonne, feiner Sand und flaches Wasser laden auf Rügen zu einem ent-

spannten Badeurlaub ein. Wer es schick mit Strandpromenade, Cafés und Strandkörben mag, ist in Binz, Baabe, Sellin oder Göhren gut aufgehoben. Kilometerlangen Strand gibt es in Lobbe, bei Prora auf der Schmalen Heide, an der Küstenseite der Schaabe zwischen Jasmund und Wittow, am Nordstrand von Wittow oder an Hiddensees Westküste. Bei herannahenden Schlechtwetterfronten warnen die roten Bälle an den Rettungsstationen die Badenden.

Radfahren
Durch Wälder, vorbei an Wiesen und Kornfeldern – und immer wieder der Blick aufs Meer. Wechselnde Ausblicke machen das Radfahren auf Rügen zum Erlebnis. Bei der Orientierung hilft die Fahrradkarte für Rügen und Hiddensee im Maßstab 1:75:000. Für 5,50 € ist sie in der Tourismuszentrale in Putbus (► S. 110) erhältlich. Vorsicht ist angebracht auf Kopfsteinpflaster und viel befahrenen Straßen. Elektrofahrräder helfen bei Steigungen und Wind.
Tipp: Bis zu zehn Linienbusse sind im Sommer mit Fahrradanhängern ausgestattet, damit lassen sich lange oder gefährliche Strecken überbrücken (www.vvr-bus.de/region/radzfatz). Dazu gibt es die Karte »RADzfaz über die Insel« mit Ausflugstipps, um mit Bus und Rad die Insel zu erkunden.

Reiten
Rügen ist Pferdeland. Eine Liste mit allen Reiterhöfen und ihren Angeboten gibt es bei der Tourismuszentrale Rügen in Putbus (► S. 110).

Wandern
Höhenwege mit Meerblick, herbstliche Buchenwälder und wogende Kornfelder – da lohnt es sich, festes Schuhwerk einzupacken und die Schönheiten der Insel zu Fuß zu erkunden! Die Wanderkarte Rügen und Hiddensee im Maßstab 1:50 000 gibt's für 6,95 € in der Tourismuszentrale Rügen in Putbus (► S. 110).

Wassersport
Wer die Königsdisziplin unter den Wassersportarten erlernen möchte, findet auf Rügen zahlreiche Segelschulen. Verschiedene kleine und größere Häfen verteilen sich auf der Küstenlinie: z. B. Altefähr, Lauterbach, Seedorf, Sassnitz, Breege, Schaprode, Lohme, Ralswiek. Auch Surfer kommen auf der Insel nicht zu kurz, günstige Windverhältnisse finden sich bei Altefähr im Strelasund (► S. 16), bei Suhrendorf auf Ummanz (► S. 95), vor Thiessow (► S. 61) im Mönchgut und in Wiek (► S. 85). Hier gibt es Surf- und Kiteschulen. Die Adressen der Wassersportanbieter bekommt man in der Tourismuszentrale Rügen in Putbus (► S. 110).

DER UMWELT ZULIEBE

Eco Camping: Mehrere Campingplätze sind auf Rügen als besonders umweltfreundlich zertifiziert (www.ecocamping.de), nämlich in Lobbe und bei Altenkirchen. Weitere Campingplätze gibt es z. B. in Altefähr und Schaprode, auf Ummanz, in Dranske, Göhren, Lietzow und Banzelvitz.
Waldaktie: Wer auf seinen Pkw nicht verzichten möchte, kann zur Wiedergutmachung an der Umwelt einen Baum auf Rügen (Stubnitz) pflanzen. Die Waldaktie ist ein symbolischer Beitrag zur Verbesserung der CO_2-Bilanz: Für den Kauf einer Aktie zum Preis von 10 € können auf einer Fläche von 10 m^2 Bäume gepflanzt und gepflegt werden, die den Kohlendioxid-Verbrauch einer Urlaubsreise von zwei Erwachsenen und zwei Kindern ausgleichen (www.waldaktie.de).
Verkehr: Als umweltverträgliche Verkehrsmittel ungeschlagen sind Bahn und Fahrrad. Gerade auf Rügen schaden die zunehmenden Pkw-Ströme den landschaftsprägenden Alleen. Sie fallen dem Straßen- und Fahrbahnausbau zum Opfer, der dem zunehmenden Verkehr gerecht werden will.

Kein Auto nirgendwo und rechts und links immer das Meer – wer auf Hiddensee nicht aufs Rad steigt, ist selber schuld.

Wellness, Kur und Heilkreideanwendungen
Zahlreiche Hotels bieten Kuren und Wellnessbehandlungen an. Eine Rügener Spezialität sind die Anwendungen mit Heilkreide, die auf der Insel im Tagebau in Klementelvitz gewonnen wird. Die Kreide ist besonders fein und eignet sich gleichermaßen für Wärme- wie Kälteanwendungen. Beide regen den Stoffwechsel an (www.heilkreide.de).

VERKEHRSMITTEL

Auto
Achtung Autofahrer: Rügens Alleen sind eine Augenweide, bergen für Pkw-Fahrer aber Risiken. Gerade im Sommer beeinträchtigen die Bäume auf zugewachsenen Strecken die Sicht, auch durch den abrupten Wechsel von Licht und Schatten. Auf Rügen sollte man deshalb auch am Tag mit Licht fahren. Höchstgeschwindigkeit auf den meisten Alleestraßen: 80 km/h.
Tankstellen: Tankstellen gibt es in Altenkirchen, Sagard, Sassnitz, Binz, Sellin, Bergen, Samtens und Putbus.
Taxiruf auf Rügen: Funktaxi (Bergen) T 03838 25 26 27

Bus und Bahn
Rund 40 Buslinien erreichen fast alle Orte der Insel. Über sämtliche Verbindungen informiert der Fahrplan für 1 €. Hier sind die Busverbindungen gelistet sowie die Regionalzüge, die auf der Insel verkehren: Ola Ostseelandverkehr fährt von Bergen über Putbus nach Lauterbach. Die Deutsche Bahn fährt mit der RB 190 von Stralsund über Bergen nach Sassnitz oder Binz. Die Kleinbahn Der Rasende Roland (www.ruegensche-baederbahn.de) verbindet Putbus, Lauterbach, Binz, Sellin und Göhren. Sie ist nicht nur eine touristische Attraktion, sondern in Südost-Rügen auch ein ernstzunehmendes Verkehrsmittel.

Fährlinien
Von der Ostseeküste bei Stahlbrode geht es mit der Autofähre der Weißen Flotte (www.weiße-flotte.de) nach Glewitz auf Rügen. Zur Weißen Flotte gehört auch die Wittower Pkw-Fähre, zwischen Wittow und Westrügen. Die Reederei Kipp (www.reederei-kipp.de) pendelt von Breege nach Hiddensee. Ebenfalls nach Hiddensee gelangt man mit der Reederei Hiddensee (www.reederei-hiddensee.de) mit den Linien Schaprode–Hiddensee und Stralsund–Hiddensee. Von Seebrücke zu Seebrücke geht es mit einem Linienschiff (www.adler-schiffe.de) im Bäderverkehr von Göhren über Sellin und Binz nach Sassnitz.

O-Ton Rügen

Zentralrügen

swienplietsch

bauernschlau

UNNERERDSCHKEN

Zwerge, von denen es den Sagen nach auf Rügen sehr viele gibt

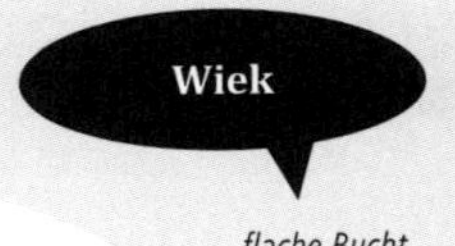

flache Bucht

Dat gifft so veel Dörpsdialekten as Fleigen op de Mess

Es gibt so viele Dorfdialekte wie Fliegen auf dem Misthaufen.

Tüffel

Kartoffel

steile Schlucht auf Rügen

Svantevit

slawische vierköpfige Gottheit aus vorchristlicher Zeit

Vitte

(Fisch-)Handelsplatz am Ufer

Poken

Bewohner des Mönchguts

Wat, ji führt na Rügen hen?

Was, ihr fahrt nach Rügen?
Für die Mönchguter war das früher eine andere Welt.

Das Klima im Blick

Reisen bereichert und verbindet Menschen und Kulturen. Wer reist, erzeugt auch CO_2. Der Flugverkehr trägt mit bis zu 10 % zur globalen Erwärmung bei. Wer das Klima schützen will, sollte sich – wenn möglich – für eine schonendere Reiseform entscheiden oder die Projekte von atmosfair unterstützen. Flugpassagiere spenden einen kilometerabhängigen Beitrag für die von ihnen verursachten Emissionen und finanzieren damit Projekte in Entwicklungsländern, die dort den Ausstoß von Klimagasen verringern helfen (www.atmosfair.de). Auch die Mitarbeiter des DuMont Reiseverlags fliegen mit atmosfair!

Abbildungsnachweis

AWL-Images, Whitchurch (GB): S. 75 (Marco Bottigelli); 16, 38/39 (Sabine Lubenow)
Conny Ochs, Halle: S. 120/1
Dagny Eggert, Hamburg: S. 79, 80, 86 o., 86 u., 97
DuMont Bildarchiv, Ostfildern: S. 106 (Johann Scheibner); 36 (Olaf Meinhardt)
Getty Images, München: Umschlagklappe hinten, 4 u. (Carola Koserowsky)
Glow Images, München: S. 92 (imagebroker/Sabine Lubenow)
Huber-Images, Garmisch-Partenkirchen: S. 4 o., 103 (Christian Bäck); 98/99 (Frank Lukasseck); 8/9 (Manfred Voss); 7, 49 (Reinhard Schmid); 53 (Sabine Lubenow)
iStock.com, Calgary (CA): S. 120/5 (ARTKucherenko); 45 (chris-mueller); 32 (netesha62)
Katia Klose, Leipzig: S. 120/2
Kurverwaltung Ostseebad Göhren, Rügen: S. 120/6
laif, Köln: Titelbild, Faltplan (Clemens Zahn); 14/15 (Dagmar Schwelle); 25 (Frank Heuer); 102 (GAFF/Yorck Maecke); 73 (Malte Jaeger); 63 (Martin Kirchner); 64 (Zenit/Paul Langrock)
Lookphotos, München: S. 50 (Christian Bäck); 22 (H. & D. Zielske); 30 (Hauke Dressler); 19, 26, 71 (Heinz Wohner); 88/89, 95 (Sylvia Pollex); 66/67, 108 (Thomas Grundner); 43 (Ulf Böttcher)
MATO, Hamburg: S. 83 (Christian Bäck); 101 (Cornelia Dörr); 57 (Reinhard Schmid); 46, 110 (Uwe Niehuus)
Mauritius Images, Mittenwald: S. 120/9 (Alamy/Paul Fearn); 105 (Jean Schwarz); 59 (Knut Stritzke); 76 (Mandy Stegen); 113 (photo-active)
Picture-alliance, Frankfurt a. M.: S. 120/8 (akg-images); 91 (Bernd Wüstneck); 120/3 (dpa/Bernd von Jutrczenka); 120/4 (ZB/Jens Büttner); 120/7 (ZB/Stefan Sauer)
Stock.adobe.com, Dublin (IE): S. 11 (josefkubes)
Zeichnungen: S. 3 (Gerald Konopik, Fürstenfeldbruck); S. 5 (Antonia Selzer, Lörrach)

Kartografie: © DuMont Reiseverlag, Ostfildern

Umschlagfoto

Titelbild: Rügens Kreideküste auf der Halbinsel Jasmund, Wissower Klinken

Hinweis: Autorin und Verlag haben alle Informationen mit größtmöglicher Sorgfalt geprüft. Gleichwohl sind Fehler nicht vollständig auszuschließen. Alle Angaben erfolgen ohne Gewähr. Bitte schreiben Sie uns! Über Ihre Rückmeldung zum Buch und Verbesserungsvorschläge freuen sich Autorin und Verlag:
DuMont Reiseverlag, Postfach 3151, 73751 Ostfildern,
info@dumontreise.de, www.dumontreise.de

3., aktualisierte Auflage 2022

Autorin: Dagny Eggert
Redaktion/Lektorat: Anne Winterling
Grafisches Konzept: Eggers+Diaper, Potsdam
Printed in Poland

Kennen Sie die?

9 von 77 000 Rügenern

COR

Zwischen Hardcore und Thrash liefert die Rügener Band COR (lat. Herz) seit 2002 Musik mit Meinung. Auf zwölf Scheiben tönt Gesellschaftskritik und raue Poesie von Friedemann und Johannes Hinz, Christian Fitzner und Matthias Arndt.

Susanne Burmester

Die Galeristin präsentiert zeitgenössische Kunst auf Rügen. Zuerst in Bergen (seit 2006) und seit 2014 am Circus in Putbus im Kronprinzenpalais. Sie vertritt deutsche und internationale Künstler und lebt seit 1990 auf der Insel.

Angela Merkel

Zu ihrem Wahlkreis gehörten Stralsund, Greifswald und der Landkreis Vorpommern-Rügen. Von 1990 bis 2017 verteidigte sie hier ihr Direktmandat. Geboren 1954 in Hamburg, wuchs die Ex-Bundeskanzlerin in Brandenburg auf.

Frieder Jelen

Der Theologe, ehemalige Umweltminister und Dichter lebt seit 1973 auf Rügen. Wegen Naturverschmutzung wurde er als Pastor von Middelhagen zu DDR-Zeiten politisch aktiv. Sein Leben beschreibt er im Buch »Meine Memorabilien«.

Der Hering

In Schwärmen schwimmt er im Winter und zeitigen Frühjahr nach Rügen – seine Laichgewässer liegen im Greifswalder Bodden. Als Silber der Ostsee ist er Lebensgrundlage der Küstenfischer. Die Bestände haben sich erholt.

Ruth Bahls

Die streitbare Kapitänstochter (1909–94) aus Göhren hat im Mönchgut zahlreiche Museen gegründet. Die Lehrerin sammelte Hinterlassenschaften aus dem Alltag der Fischer und Bauern, um das kulturelle Erbe der Region zu bewahren.

Ulrich Müther

Der Binzer Architekt (1934–2007) prägte mit seinem futuristischen Stil die DDR-Moderne und spezialisierte sich auf geschwungene Schalenbauten aus Beton.

Franziska Tiburtius

Die erste deutsche Ärztin (1843–1927) stammt vom Hofgut Bisdamitz bei Lohme. Sie studierte in Zürich, weil dies Frauen im Deutschen Reich bis 1908 verboten war.

Ludwig G. Kosegarten

Der Theologe, Professor und Dichter war Pastor in Altenkirchen (1792–1809), wo er begraben ist. Der Wegbereiter der Romantik predigte am Strand zu den Fischern.